数字版权领域反垄断的法经济学分析

周蓉蓉○著

人民日报出版社

北 京

图书在版编目（CIP）数据

数字版权领域反垄断的法经济学分析 / 周蓉蓉著.
北京：人民日报出版社，2025.3. — ISBN 978-7-5115-
8598-1

Ⅰ. D912.294.04

中国国家版本馆CIP数据核字第202519UX27号

书　　名：	**数字版权领域反垄断的法经济学分析**
	SHUZI BANQUAN LINGYU FANLONGDUAN DE FAJINGJIXUE FENXI
著　　者：	周蓉蓉

责任编辑：徐　澜
封面设计：中尚图

出版发行：人民日报出版社
社　　址：北京金台西路2号
邮政编码：100733
发行热线：（010）65369509　65369527　65369846　65369512
邮购热线：（010）65363531
编辑热线：（010）65369528
网　　址：www.peopledailypress.com
经　　销：新华书店
印　　刷：三河市中晟雅豪印务有限公司
法律顾问：北京科宇律师事务所 010-83622312

开　　本：710mm × 1000mm　1/16
字　　数：177千字
印　　张：16
版次印次：2025年5月第1版　2025年5月第1次印刷

书　　号：ISBN 978-7-5115-8598-1
定　　价：69.00元

数字版权与反垄断的交汇

数字时代的科技革命和产业变革已深度渗透社会经济的各个层面，不仅极大提升了生产力水平，还重构了全球产业链、价值链，塑造了全新的经济形态和社会生活模式。数据是劳动工具、劳动对象和劳动产出的综合物，数据要素价值创造是科技进步与人文精神深度融合的人类（劳动）智慧的创造性产出，数据要素倍增效应的实质是极大地释放和激发劳动者主导和统领其他所有要素产生的协同效应。习近平总书记强调："从现在起到本世纪中叶，全面建成社会主义现代化强国、全面推进中华民族伟大复兴，是全党全国人民的中心任务。"党的二十大报告提出："高质量发展是全面建设社会主义现代化国家的首要任务。"当前，我国发展面临新的战略机遇、新的战略任务、新的战略阶段、新的战略要求、新的战略环境，必须立足新发展阶段、贯彻新发展理念、构建新发展格局、推动高质量发展。高质量发展必然是以新的生产力和生产方式为基础支撑的发展，新质生产

力和数据要素价值创造是其微观基础、主要动力和最具代表性的时代标志。

在数字经济环境下，平台企业通常运营的是双边或多边市场，版权许可在此类市场中的作用更为复杂。例如，音乐流媒体平台既是连接音乐创作者与消费者的桥梁，也是广告商与用户的交汇点。版权许可规则需要兼顾平台两侧用户的需求，避免过度集中的版权控制削弱一侧用户的体验进而影响另一侧用户的参与度。此外，随着区块链等新技术的发展，智能合约可能提供一种新的版权管理和交易方式，这也要求监管机构适应技术变革，适时调整版权许可模式和反垄断政策，以促进产业的可持续发展和社会福利的最大化。

数字版权作为知识经济的基石，不仅是创作者智慧的结晶，也是文化传承与创新的载体。它赋予了原创者对其作品的控制权，激励着艺术、科学和技术的进步。然而，随着互联网的普及和数字技术的飞跃，版权的界限变得模糊，传统的版权保护模式遭遇前所未有的挑战。数字版权的易复制性和网络传播的无边界性，使得版权管理变得更加复杂，同时也为市场力量的滥用埋下了伏笔。随着全球数字化进程的加速推进，数字版权产业正以前所未有的速度发展和壮大，成为全球经济新的增长点。然而，在这一繁荣景象背后，逐渐显现的垄断问题已成为阻碍产业发展活力、损害市场公平竞争环境以及消费者权益保护的重要因素。数字版权产业特有的技术壁垒、网络效应和数据驱动等特点，使部分企业更容易积累优势，可能导致市场集中度不断提高，进而引发垄断风险。与此同时，反垄断法作为维护市场公平竞争的利器，其核心目标在于防止市场力量的不当集中，保障消费者权益，促进经济效率与创新。在数字版权领域，反垄断法的作用尤为突出。版权市场的独特属性，如版权的无形性和网络效应，容易催生市场垄断，进而影响版权作品的可及性和多样性。反垄断法通过限制版权的滥用，防止版权持有者过度限制竞争，保障了版权市场的健康发展。

通过对数字版权产业中垄断的经济学分析，对垄断的现象、原因、机制和经济学原理进行深入阐释，深入剖析当前行业内存在的垄断现象，如独家版权囤积、滥用市场支配地位、限制竞争等行为，揭示这些问题对市场竞争、创新活力和社会公共利益的影响。在理论层面，明确界定数字版权产业中的垄断的概念，理解其在数字环境下的特殊性和表现形式，如独家授权、捆绑销售、排他性合作等，并探索这些行为是否构成滥用市场支配地位。

传统的反垄断规制在数字时代面临诸多挑战，仅从法律层面无法解释数字版权产业的垄断机制及原理，无法设计出科学合理的规制策略，因此需要从经济学角度逐项厘清数字版权产业中的垄断的情形，探讨其内在的机理，进而为反垄断规制提供可靠的依据。当前关于版权制度如何适应数字技术发展带来的变化，仅有模糊的政策探讨是不够的，需要从数字版权的经济学原理出发，探讨数字版权产业中的垄断的经济学机制，揭示数字版权产业中的垄断的内在规律，进而探索既符合数字经济规律、不损害大型平台企业发展，有效实现版权利益合理分配、反对版权集中和战略垄断带来的弊端的解决方案。

在制度创新层面，传统版权制度亟待变革性重塑，这种迫切性是因为数字版权更易形成垄断，传统的版权制度对版权形成适当保护，

而这种在过去适当的保护，在数字时代却加剧了竞争的不公平性，工业时代的版权制度需要重新审视，与之相关的规范也需要及时更新。开展数字版权产业中的垄断，亟待对现有版权制度进行变革性重塑，以适应数字时代的特点。

从经济学角度分析数字版权产业中的垄断问题，一方面立足于博弈论和经济学模型；另一方面从实证分析入手，以动态效率为依托，对厂商数字版权保护和反垄断的不同情况进行分类讨论，逐项厘清数字版权产业中的垄断现状，提供一种可靠的经济学论证，为制度创新提供理论依据。基于研究分析，探讨构建中间责任制度以突破知识产权保护的二元困境，构建生态必要版权制度以实现版权有条件地共享，并构建由贡献度决定的利益分配机制，以经济模型科学界定版权集中的边界，推动实现数字版权保护与反垄断的平衡。同时，提出重构作者身份体系，对现有版权法和监管进行变革，依托区块链技术开展更有效的数字版权保护等，具有积极的创新意义。

在当前和未来的数字版权产业发展中，版权法与反垄断法规的前瞻性构建至关重要。这不仅涉及经济学、法学、政治学、政治经济学以及社会学等多个学科领域的交叉融合，还需密切关注技术进步带来的商业模式变革，并结合国内外实践经验，以适应并引领未来发展的趋势。反垄断是社会主义市场经济有序运行的重要保证。党的二十大报告指出：加强反垄断和反不正当竞争，破除地方保护和行政性垄断，依法规范和引导资本健康发展。《中共中央　国务院关于加快建设全国统一大市场的意见》指出：着力强化反垄断。完善垄断行为认定法律规则，健全经营者集中分类分级反垄断审查制度。破除平台企业数据垄断等问题，防止利用数据、算法、技术手段等方式排除、限制竞争。随着反垄断法修订，人民法院旗帜鲜明地加强反垄断司法保护，切实贯彻落实修订后的反垄断法，不断健全完善竞争案件裁判规则，坚决维护市场公平竞争，以竞争活力激发创新动力。通过解决数字版权产业中的垄断问题，打破市场壁垒，降低市场进入门槛，鼓励更多的创新和竞争。这将有助于激发市场活力，推动数字版权产业的健康发展。

在社会层面，数字版权产业的反垄断规则能够有力推动数字版权产业的健康发展，促进文化多样性和创新，提高社会福利水平；为消费者提供更多优质、丰富的数字内容产品和服务，满足其多样化的需求；平衡各方利益诉求，畅通创作者与社会公共群体的关系，满足健康文化娱乐的需求，推动产业的和谐发展。根据数字版权的特点和新经济的特性推进版权法的改革，为社会公众利益、提供者利益、社会文化发展提供更完善的保障。本书在规则策略和制度变革方面提出了诸多可行建议，为立法与政策提供依据，推动有针对性修订相关法律法规，如反垄断法、版权法等，以适应数字版权领域的新特点，确保法律工具能够有效遏制和制裁垄断行为，具有积极意义。这将为政府制定相关政策提供科学依据和支持，为数字版权产业的反垄断规则制度提出可行性方案，维护公平竞争的市场秩序，推动数字版权产业的可持续发展。促进市场监管与合规指引，帮助监管部门识别和判断特定市场行为是否构成垄断，提高反垄断执法的精准度和效率，并为企业提供关于版权交易和竞争策略的合规指引。同时，也可以为企业和创作者提供合理的市场竞争策略和法律风险防范建议。

　　数字版权产业中的垄断问题引起了广泛关注，因为数字版权产业不仅是商业领域，更是文化传承、创新发展和社会互动的关键领域。在这个多元化的数字内容时代，版权问题涉及广泛、多样化的创作者和创作形式，内容的复制、分发和传播变得异常便捷，使版权管理变得越发复杂。要充分把握技术进步带来的利好，同时妥善解决新兴领域中的诸多难题，才能真正推动版权产业健康、可持续地向前发展。基于经济学原理的数字版权产业中的垄断应对策略建议，主张通过创新版权制度设计、优化市场准入条件、强化版权交易透明度、平衡权利人与公众利益，以及适应数字经济特性的监管政策等手段，打破可能形成的市场壁垒，促进数字版权产业的公平竞争和持续创新。

第一部分 数字版权与市场动态

第二部分　法经济学视角下的反垄断

第三部分　法经济学视角下的政策与实践

第一部分

数字版权与市场动态

第一章　数字版权概述

一、数字版权基础理论

数字版权是数字内容产业的基石，确保了创作者的知识产权不被侵犯，使其能够享有作品的经济利益和知名度，促使创作者持续创作，为数字版权产业提供源源不断的新鲜血液。同时，数字版权还为数字内容提供了法律保护，使合法权益能够得到维护，为创作生态的良性发展提供了有力支持。在数字版权体系下，数字内容可以通过授权和合同的方式合法传播，形成了有序的市场秩序。这为数字内容产业吸引了更多的投资，也为广大消费者提供了合法且优质的数字内容选择。

（一）数字版权的内涵与范畴

1. 版权的定义

从语源学上讲，版权不仅表示复制权，而且表示对作品本身及其载体的所有权和控制权，有时也与文学艺术产权交替使用。与英语版权 copyright 一词相对应的法语是 droit d'auteur，德语是

Urheberrecht，西班牙语是 derecho de autor。这些名词直接指明了权利的受益人，译成汉语为"作者的权利"。为了保障作者因创作作品获得正当权益，协调作品的创作者、传播者和广大公众因作品的传播和使用而产生的法律关系，鼓励作者创作，促进作品传播，发展科学文化事业，世界上已有 150 多个国家和地区建立了版权制度。

根据《中华人民共和国著作权法》第三条、第九条、第十条规定，作品是指文学、艺术和科学领域内具有独创性并能以一定形式表现的智力成果；著作权人包括作者及其他依照本法享有著作权的自然人、法人或者非法人组织；著作权包括发表权、署名权、修改权、保护作品完整权、复制权、发行权、出租权、展览权、表演权、放映权、广播权、信息网络传播权、摄制权、改编权、翻译权、汇编权，应当由著作权人享有的其他权利等人身权和财产权。由于著作权与版权内涵一致，本书统一采用"版权"概念进行探讨。

2.数字版权的界定

数字版权是指创作者对自己创作的数字化作品依法享有的专有权利，这些作品包括但不限于文学、艺术、科学、教育、新闻及其他信息资料等，经过数字化处理后可以在互联网或其他数字媒介上进行存储、传播和使用。在法律意义上，数字版权是传统版权法在数字环境下的延伸和应用，涵盖了作品的数字化复制、发行、出租、展览、表演、广播、改编、翻译等各项权利。

数字版权首先指向的是那些以数字形式存在的原创作品，它们能够通过网络和各种数字设备进行传播和消费，包括信息网络传播权、

数字发行权、数字化复制权等，这些权利与传统版权中的复制权、发行权等有着对应关系，又因数字环境的特殊性而有所扩展。数字版权还体现在运用现代技术手段，如数字水印、加密技术、数字版权管理等，以实现对数字作品的版权保护和管理。数字版权产业还包括版权注册、授权、交易等一系列管理活动，这些活动大多依赖于线上平台和智能合约等先进工具，以确保数字作品权利的有效行使和流转。

数字版权的保护和管理已经超越国界，受到诸如《世界知识产权组织版权条约》（World Intellectual Property Organization Copyright Treaty，WCT）、《世界知识产权组织表演和录音制品条约》（WIPO Performances and Phonograms Treaty，WPPT）等国际法规及地区合作协议的约束。数字版权不仅关乎创作者个人权益，还深刻影响着社会文化产品的流通、共享和创新，以及公众获取信息和知识的自由与便利程度。同时，数字版权也是塑造良好网络文化和维护网络空间秩序的关键所在。

（二）经济学视角下的版权

经济学视角下的版权研究源自 20 世纪中叶，随着版权制度与经济发展关系的日益密切，经济学家开始从效率、创新激励、市场竞争等多个角度探讨版权的经济功能与影响。早期，Ronald H. Coase（1960）通过交易成本理论分析了知识产权制度存在的必要性，认为版权是对私有产权的一种界定，旨在降低市场交易成本，提高资源配置效率。

William M. Landes 和 Richard A. Posner（1989）进一步深化了版

权的经济学分析，他们指出版权是一种激励创新和创造的工具，通过赋予创作者一定期限内的垄断权，以换取对新知识和艺术作品的贡献。此外，两位学者还探讨了版权期限的合理性，认为过长或过短的保护期限都不利于创新活动的持续进行。

Paul A. David（1990）在研究计算机软件产业时，引入了网络外部性理论，阐明了版权保护对数字版权产业发展的双重影响：一方面版权保护刺激了内容创作，另一方面又可能因垄断效应阻碍技术扩散和市场竞争。

尽管研究成果有限，但已有的一些版权经济学理论，如 Scotchmer（2004）关于创新激励和公共政策的研究，以及 Picker（2006）对数字时代版权许可和市场竞争的研究，为理解数字版权的经济属性及其在产业内的影响提供了有益的理论框架和实证分析。Eric Maskin 和 Jean Tirole（2008）从博弈论角度分析了版权许可和转让问题，强调了版权市场中双边或多边市场特性，以及版权合同设计如何影响创新动力和市场绩效。近年来，随着数字经济的快速发展，学者们如 Michael A. Carrier（2016）和 Joel Waldfogel（2017）等聚焦于数字版权环境下的市场集中、网络效应、用户生成内容等问题，探讨了版权法如何在保护创作者权益与促进创新、维护市场竞争之间寻求平衡。

总的来说，数字版权经济学作为一个跨学科领域，仍在不断发展和完善，学者们正在积极探索如何将经济学原理和方法应用于数字版权产业的规制，以期为制定适应数字时代特点的版权政策提供科学依据和实用工具。

（三）数字版权的价值认知

数字时代下，对于数字版权价值的认知经历了深刻的变革与发展。这一领域的研究跨越法学、经济学、传播学等多个学科，多位学者对此进行了深入探讨，并提出了各自独到的观点。在信息技术初期，John Eatwell（1998）较早关注到数字内容在网络环境中的复制便捷性对传统版权价值构成挑战，他指出数字版权价值的核心在于如何实现对其无形资产的有效控制和商业利用，而非仅仅局限于物理介质的占有。

Lawrence Lessig 在其著作《代码》中提出了"代码即法律"观点，探讨了技术架构如何塑造版权执行和管理的新模式，进而影响数字版权的价值实现。他认为，在数字化环境中，技术和法律共同构成了版权价值的新边界。Hal Varian（2003）则从信息经济学的角度出发，讨论了数字版权价值在网络经济中的再分配和增值现象，他强调，数字产品的非竞争性和非排他性特征使版权价值评估需要引入新的理论框架，如基于使用量定价和网络效应的估值模型。James Boyle（2008）在《公共领域失落的财富》一书中，反思了过度强化的数字版权对公共利益的影响，提出对数字版权价值的认识应同时兼顾创作者的激励与社会文化的开放共享，寻求在私人权利和社会福祉之间的均衡点。

进入大数据和人工智能时代，Niva Elkin-Koren（2017）和 Guy Pessach（2019）等人进一步研究了数字版权价值在数据驱动型商业模式中的重构，特别关注算法推荐系统、用户生成内容和开放数据背景下的版权价值动态变化及其潜在的社会经济意义。

综上所述，关于数字版权价值的重新认知是一个不断演进的过程，各学者通过不同视角揭示了数字版权在新的经济和技术环境下的复杂性和多元价值体现，为相关政策制定和实践操作提供了丰富的理论指导。

（四）数字版权的特性

数字版权作为伴随数字技术进步而新兴的法律概念，其特征与传统版权有所不同，这一转变始于 20 世纪末，并在 21 世纪初随着互联网技术的飞速发展而越发显著（Lessig，1999）。数字版权的无形性、即时复制与传播能力挑战了传统版权法中的所有权观念和管控机制，导致版权保护与利用的矛盾更加突出。例如，Litman（1990）和 Landes & Posner（1989）对数字内容产品成本结构的变化进行了分析，指出数字内容产品的复制成本接近零，这给传统的定价策略、市场进入壁垒以及创作者和消费者之间的利益分配带来了深刻影响。尽管如此，专门针对数字版权经济学的研究相较于传统版权经济学的研究尚不丰富，特别是在数字版权产业垄断、市场结构与竞争关系、创新激励机制等方面（Liebowitz，2006；Shapiro & Varian，1999）。

数字版权作为知识产权领域的一个重要分支，其独特属性和特点在过去几十年的研究中备受关注。数字内容的可复制性、流动性、即时传播性以及与互联网技术紧密结合的特性，使其区别于传统的物理版权形式。随着数字技术的快速发展，数字版权呈现出以下鲜明特点。

1. 无形性与易复制性

版权是一种无形的财产权利，反映的是作者对其著作所享有的与权利、利益有关的权利主张。作品是无形的精神创造和有形的统一体，版权的客体虽然是知识形态的精神产品，但传统的作品往往被人们感知并通过客观形式（如图书、录音录像制品等）表现出来。数字版权产品是以二进制数据的形式存在的，无实体形态，易于复制和传输，不受传统的物理空间限制。与传统的实体版权市场相比，数字版权市场突破了地理空间的限制，通过互联网实现了全球范围内的即时传播和无障碍获取。用户只需连接到互联网，就可以不受地域限制地访问和使用版权内容，这极大地推动了知识和信息的全球化流动，同时也为非法复制和盗版行为提供了便利条件。互联网时代，几乎每个人都具有复制作品的能力。复制品品质不断完善，以往复制品通常会出现品质下降甚至劣化的情况，而数字技术下的复制品则是一种完全彻底的"克隆"，每个复制品的品质和原始作品几乎没有任何区别。在数字网络中区分"原件"和"复制件"可通过发布的时间顺序，并没有其他特殊的品质特征。在数字网络中，复制现象随处可见；也由此造成了一个长久以来存在的争论话题——"暂时复制"。比如，当用户浏览网页、阅读作品、欣赏音乐或者运行计算机程序时，电脑如同人脑一样产生记忆，在数字网络中这些曾经阅读过的信息都会被保存下来，它们将成为复制的根本。

2. 边际成本接近零

数字版权作品的生产一旦完成，再次分发或销售的边际成本几乎可以忽略不计，这与传统版权作品每复制一份都会有相应成本的情形大相径庭，从而对版权作品的定价、市场结构和盈利模式产生了深远影响。

3. 网络效应与平台化特征

数字版权内容往往通过网络平台进行分发和交易，网络效应使内容的价值与其用户基数密切相关，平台的市场力量在某种程度上可能会影响内容创作者的议价能力和版权市场的竞争状况。

4. 全球化和即时性

数字版权产品的传播不受地域限制，可以在全球范围内瞬间传递，使市场边界模糊，形成全球统一市场，对国际版权法规协调提出了新的要求。信息传播技术对知识产权保护体系造成了冲击，在版权保护领域，它导致了信息资源的无国界性并引发了地域间的冲突。从某种意义上说，互联网打破了时间和空间的局限，无论在哪个国家和地区，公众都可以通过下载行为方便快捷地在互联网上获取自己所需要的内容，而这就为后续数字版权侵权行为的发生埋下了隐患——版权侵权纠纷发生后提起诉讼时的司法管辖是难题，纠纷裁判时的法律适用也是难题。面对这种情况，郑成思（1998）认为，数字版权的地域性之所以逐渐淡化直至消失，根本原因在于"互联网的全球性和知识产权

地域性的总矛盾"。

数字版权并不直接等同于公共物品，但数字作品本身可以表现出公共物品的一些特性。公共物品具有非排他性和非竞争性两大特征，非排他性指一个人消费某种商品或服务不会减少其他人对该商品或服务的消费。也就是说，一旦一件商品被生产出来，任何人都无法阻止他人享用。非竞争性指一个人使用某件商品或服务并不会减少其他人对该商品或服务的使用，增加一个消费者的边际成本为零。

数字作品在未经保护的情况下，易于复制和传播，网络环境下确实具有某种程度的非排他性和非竞争性。比如一首歌在网上发布后，无数人都可以免费下载并听这首歌，而且一个人听这首歌并不会阻止其他人同样听到。然而，这只是在未经过版权保护和授权的前提下发生的现象。

实际上，数字版权的存在正是为了保护创作者和版权所有者的权益，使其能够通过授权和控制作品的使用来获取经济利益，从而激励创新和内容创作。在版权法保护下，数字作品并非绝对的公共物品，而是具有可管理的排他性和竞争性，通过法律手段和技术手段，可以对数字内容的使用进行控制和追踪，确保版权所有者的利益不受侵犯。因此，经过版权保护的数字作品不再是严格意义上的公共物品。

二、数字版权市场的发展历程

数字时代的科技革命和产业变革已深度渗透到社会经济的各个层

面，不仅极大提升了生产力水平，还重构了全球产业链、价值链，塑造了全新的经济形态和社会生活模式。数据是劳动工具、劳动对象和劳动产出的综合物，数据要素价值创造是科技进步与人文精神深度融合的人类（劳动）智慧的创造性产出，数据要素倍增效应的实质是极大地释放和激发劳动者主导和统领其他所有要素产生的协同效应。习近平总书记强调："从现在起到本世纪中叶，全面建成社会主义现代化强国、全面推进中华民族伟大复兴，是全党全国人民的中心任务。"党的二十大报告提出："高质量发展是全面建设社会主义现代化国家的首要任务。"当前，我国发展面临新的战略机遇、新的战略任务、新的战略阶段、新的战略要求、新的战略环境，必须立足新发展阶段、贯彻新发展理念、构建新发展格局、推动高质量发展。高质量发展必然是以新的生产力和生产方式为基础支撑的发展，新质生产力和数据要素价值创造是其微观基础、主要动力和最具代表性的时代标志。

随着全球数字化进程的加速推进，数字版权产业正以前所未有的速度发展和壮大，成为全球经济新的增长点。然而，在这一繁荣景象背后，逐渐显现的垄断问题已成为阻碍产业发展活力、损害市场公平竞争环境以及消费者权益保护的重要因素。数字版权产业特有的技术壁垒、网络效应和数据驱动等特点，使部分企业易于积累优势并可能导致市场集中度不断提高，从而产生垄断风险。

（一）数字版权产业迅速崛起

数字版权产业涵盖了从数字音乐、电子书、网络视频、网络游戏、数字影视到各类在线教育内容等广泛领域，是数字经济的重要组成部分。[①] 这些领域在过去几年间均实现了用户基数和市场规模的双重激增。例如，国际唱片业协会（IFPI）的历年报告显示，全球数字音乐收入在近十年间翻了几番；而根据市场调研机构的预测，全球电子书市场规模在未来数年内还将继续保持两位数以上的年复合增长率。数字版权产业的蓬勃发展成为 21 世纪全球经济的亮点之一。2021.12—2022.12 数字版权产业互联网应用用户规模和网民使用率如表 1–1 所示。这一产业的迅速崛起，得益于互联网、移动通信、云计算、大数据、人工智能等新一代信息技术的广泛应用，使内容创作、传播和消费的形式发生了革命性的变化。据中国互联网络信息中心（CNNIC）《第 53 次中国互联网络发展状况统计报告》显示，截至 2023 年 12 月，我国网民规模达 10.92 亿人，互联网普及率达 77.5%。我国互联网规模与手机网民规模增长趋势如图 1–1 所示。随着技术的发展，数字版权产业中的产品更加丰富，服务也更加个性化，数字版权运行模式持续更新，细分领域不断重组和调整。同时，数字内容不再受制于传统媒体和地理位置，而是通过互联网迅速传播到全球各地，形成了跨国界的数字文化交流。

---

① 《第 53 次中国互联网络发展状况统计报告》发布：我国网民规模达 10.92 亿人，人民网，http://finance.people.com.cn/n1/2024/0322/c1004–40201311.html，2024 年 3 月 22 日访问。

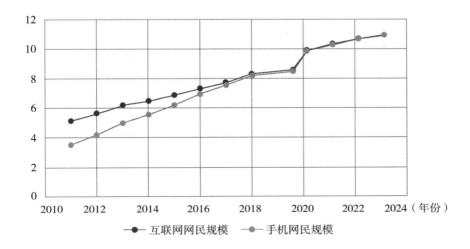

图 1-1　2010—2024 年我国互联网规模与手机网民规模增长趋势（单位：亿人）

表 1-1　2021.12—2022.12 数字版权产业互联网应用用户规模和网民使用率

应用	2023.12 用户规模 / 万人	2023.12 网民使用率 / %	2022.12 用户规模 / 万人	2022.12 网民使用率 / %	增长率 / %
网络视频（含短视频）	106671	97.7	103057	96.5	3.5
短视频	105330	96.4	101185	94.8	4.1
网络音乐	71464	65.4	68420	64.1	4.4
网络直播	81566	74.7	75065	70.3	8.7

（二）数字技术影响下的版权

数字技术深刻地改变了作品的创作过程。在数字技术环境下，任何人都有机会成为创作者和传播者。以音乐作品为例，过去要将一首音乐制作成唱片，需要经历烦琐的手续，从创作到由艺人演绎花费了大量的时间和精力。目前，歌手能够借助网络录制并发布自己的作品，

成本更加低廉、质量更高。数字技术的出现消除了作品使用者与创作者之间的障碍，使每个人都有机会成为创作者。可以说，数字技术创造了一个让"每个人都能创造"的时代。数字经济时代，每个人都有快速传播的空间，传播范围扩大导致个体创作欲望增强，其行为主要包括评论、演绎、创作、表达等，推进了数字版权产业的繁荣。

数字技术给作品复制带来了革命性的影响。数字环境影响数字内容的制作、传播以及社会功能，进而衍生出一系列新的作品使用方式。虽然复制是通过有形载体完成的，但也可以不通过接触载体完成复制，并实现多次复制。同时，数字技术的快速发展极大地降低了作品的传播成本，信息传播突破了传统的物理媒介和运输方式的限制，实现了大规模传播，大幅降低了信息传播的成本。这不仅减少了作品的发行费用，也降低了侵权方的侵权成本。数字技术使权利人更容易地掌控作品的使用和传播。

1. 权属确认难

数字作品创作和传播速度快，权属关系有时不清晰，特别是在自媒体平台上，难以准确追踪到原始作者或版权持有者，导致授权链条断裂或者授权交易对象难以确定。由于技术方面的原因，原数字化作品的权利人需要提前登记、注册，并做好资料准备，一套流程下来手续复杂，耗时较久，漫长的周期不能适应目前作品数量多、传播速度快的要求，同时也造成数字版权持有者注册的愿望不高，即便他们知晓产品有可能会被侵权复制，也不愿意花费更多时间去处理登记审批事宜，由于数字信息产品的种类繁多，在行业内缺乏标准化的规定，也在无形中增加了注册数字产品的时间和费用。

2. 技术性侵权易发

互联网世界中无时无刻不出现大量的数字信息产品，传统系统很难对其进行有效的监管，而且由于数字化产品具有隐蔽性、跨地域性等特征，技术手段不断发展，侵权形式更加多样化，侵权者可以轻松地删除作案踪迹，因此许多情况下证据的收集、认定等愈发困难。日益更迭的网络环境丰富了版权作品，不少侵权主体并非某个单一主体，有可能是某一个群体，甚至可能涉及生成式人工智能和人机交互的创作，侵权判断更加复杂。同时，侵权目的多样化，并不是所有侵权都是盈利的，还有一些侵权者因好奇和兴趣侵权，对侵权行为的认定更为多元。数字技术环境下，侵权行为更易发生，版权保护呈现更复杂的状况。数字化作品易于复制、分发和篡改，未经授权的二次传播成本极低，监控和防止侵权行为的技术手段亟待加强，这对合法授权交易构成了威胁。

3. 现有版权法规制不足

由于法律制度滞后，随着新技术的快速发展，现有的版权法律法规可能不能及时适应新的数字环境下的版权保护需求，造成法律执行和司法实践中的空白地带和灰色区域。此外，许可模式复杂，数字版权涉及多重权利（复制权、发行权、信息网络传播权等），不同的使用场景可能需要不同类型的许可，制定灵活且适用广泛的授权协议具有一定的复杂性。数字版权交易平台缺失或不完善，缺乏高效便捷、

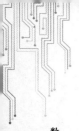

安全可靠的线上版权交易平台，影响了版权商品化的效率和市场秩序，限制了版权资产的有效流转。版权跨境交易难，国际的版权法律体系差异大，跨国数字版权交易涉及国际版权公约、双边或多边协定的执行，以及跨境纠纷解决机制，增加了交易难度。

同时，版权价值的认知度不高，且版权保护成本相对较高，可能使部分创作者或版权持有者缺乏进行正规的授权交易的动力，而选择免费分享或默认接受侵权。对于一些包含多个创作者的合作作品或衍生作品，版权归属可能涉及多个权益方，如何有效地进行版权分割和统一管理以促进授权交易是一个实际操作难题。

此外，市场上的版权信息分散且不透明，创作者与使用者之间的信息不对称现象严重，这可能导致作品价值被低估、版权交易价格不合理，以及潜在的授权机会流失。现行的数字版权利益分配机制不健全，使数字版权收入在版权人和有关组织之间很难得到公正、高效的分配。如高富平（2011）指出，在网络条件比较复杂的情况下，作品发行途径更为多元化，传统的版税和版权收入制度并不能很好地处理这种变动中的利益分配问题，更难以保障创作者、消费者和平台用户的利益。

第二章　数字版权市场的经济学分析

一、市场结构与竞争

数字版权产业包括数字内容平台、数字内容生产和加工商、数字内容用户等。在内容创作与传播方面，数字技术赋予了创作者前所未有的便捷性和高效性。数字版权市场是指由数字内容及其相应的所有权和使用权所构成的市场体系，以网络空间为载体，其核心特征是版权内容的数字化表达和网络化传播。数字版权市场涵盖了通过数字化形式存在的所有创意作品，包括但不限于电子书籍、音乐、视频、软件、游戏、数据库、网站内容、社交媒体内容、在线教育课程、虚拟现实体验等，不仅包括直接提供数字内容的在线平台，如音乐流媒体服务（如 Spotify、网易云音乐）、视频分享网站（如 YouTube、爱奇艺）、电子书阅读平台（如 Kindle、掌阅）等，还包括通过移动互联网、社交媒体、搜索引擎等多渠道进行的内容传播与消费行为，涉及内容创作工具、版权管理和分发系统、支付结算平台以及相关的技术支持和服务环节。在这个市场上，版权所有者可以将其创作的内容通过数字媒介进行分发、许可、交易和管理。数字版权产业链和主要领域的产业链，如图 2-1 至图 2-5 所示。

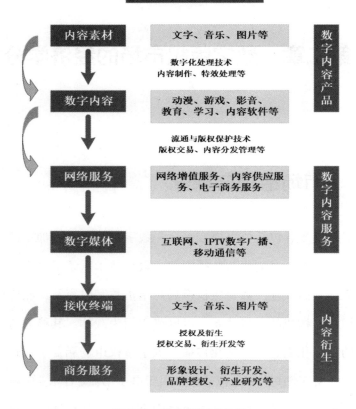

图 2-1　数字版权产业链

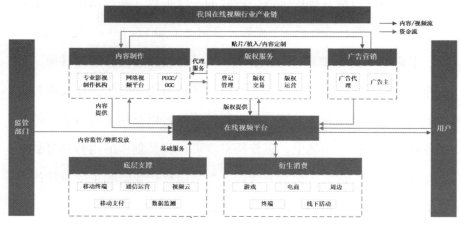

图 2-2　我国在线视频行业产业链

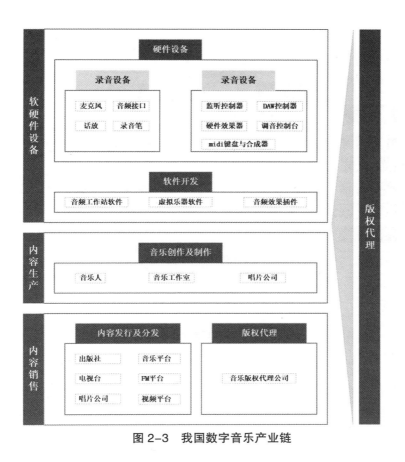

图2-3 我国数字音乐产业链

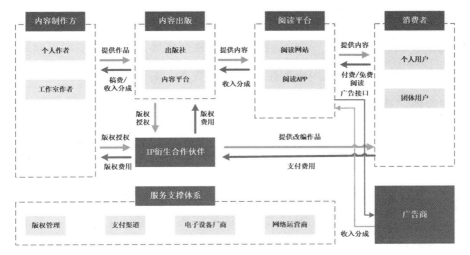

图2-4 我国数字阅读行业产业链

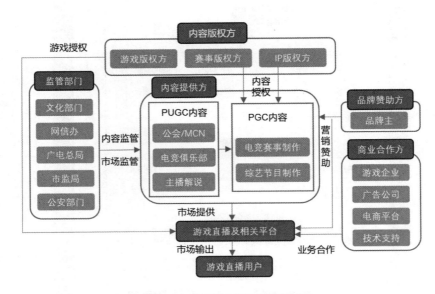

图 2-5　游戏直播行业产业链

　　数字版权市场以其独特的虚拟性、开放性、个性化和高度集中的特点，对现有的版权制度、市场规则和商业模式提出了全新的挑战和要求，同时也为内容创作者、消费者和社会整体带来了前所未有的机遇和变革。只有科学合理地应对这些问题，才能真正实现数字版权市场的健康有序发展，从而激发社会创新活力，保障各方合法权益。在数字版权领域，多边平台如电商平台、社交媒体平台和数字内容分发平台，通过整合版权内容的生产者和消费者，实现了内容的高效分发和价值创造。例如，亚马逊 Kindle 平台链接了电子书作者、出版社与读者，各用户群体间的互动带动了整个市场的繁荣。数字版权市场因其独特的经济特性，尤其是双边市场和多边平台的特性，引发了经济学、法学和信息技术领域的广泛关注。

　　国内外学者对数字版权市场结构与绩效评估的研究涵盖了广泛的理论探讨和实证分析，揭示了版权制度设计、市场结构及其运作机制在塑造数字版权产业绩效、驱动经济繁荣和技术创新中的关键作用。美国学者 Liebowitz（2006）和 Shapiro & Varian（1998）的研究强调了数字版权市场的独特性，包括高集中度带来的市场力量问题以及网络效应对市场结构的影响。Liebowitz 探讨了文件分享对数字信息商品市场的影响，而 Shapiro 和 Varian 则指出在网络经济中，市场结构的变化直接影响着版权商品的创造、分配及价值实现。Boldrin 和 Levine（2008）从批判性角度审视了知识产权体系，指出过度的版权保护可能限制知识扩散和技术进步，从而抑制长期经济增长。Gallini（2002）则强调了合理版权制度对激励创新的重要性，认为过强的版权保护不利于信息流动和技术进步。欧洲学者 Van Eijk 和 Grootelaar（2015）聚焦在线音乐分销市场，深入研究了版权结构与其经济绩效之间的内在关联，他们认为保持适度的垄断与市场竞争平衡对于促进市场创新和提高效率至关重要。Hemerijck 和 Smulders（2012）关注数字时代背景下版权市场结构变化对经济增长的具体影响，主张制定适应数字化环境的版权政策以促进技术创新和内容产业的发展。我国学者杨秀云等（2021）创新性地分析了数字文化生态系统的新特征。展强（2019）论证了短视频的发展与产业链，提出应对其内容加以引导，对其涉及的版权问题加以规范，使创作者和平台都更加有序运行。

总体来看，上述学者的研究成果共同表明，在数字经济时代，合理设计和调整数字版权市场的结构对于保障市场竞争公平、激发产业创新活力、保护消费者利益以及提高社会整体福利具有重大意义。同时，这些研究成果也为政策制定者提供了科学依据，为在全球范围内构建更公正、透明且富有竞争力的数字版权市场环境提供指导。

（一）双边市场与多边平台

双边市场是指连接两种不同用户群体的平台市场，一种用户群体的需求取决于另一种用户群体的存在与活跃程度，两者之间存在显著的交叉网络外部性（Rochet & Tirole，2003）。在数字版权市场中，这一特性尤为明显，比如在线音乐平台连接了音乐创作者（供应端）和音乐听众（需求端），听众的聚集促进了创作者的参与，反之亦然。多边平台则是将两个或多个用户群体连接起来的复杂市场结构，每个用户群体都依赖平台提供的服务与其他群体进行交流和交易（Evans & Schmalensee，2016）。这类平台的价值与其吸引和维系的用户规模紧密相关，而用户的数量和活跃度又取决于平台上内容的丰富度和质量。这种正反馈效应导致市场资源向头部企业集中，形成了寡头竞争格局，引申出一些反垄断和竞争政策的问题，如市场准入限制、数据控制和版权滥用等（Nieborg & Poell，2020）。同时，双边市场和多边平台的特征意味着平台企业需要制定复杂的定价策略和商业模式，以平衡各方利益，如通过广告收入、订阅服务费、交易佣金等多种方式获取收益，并在此过程中确保版权的合理分配和保护（Van Eijk et al.，2019）。

总结而言，数字版权市场中的双边市场和多边平台特征既是市场高效运转的基础，也是监管和政策制定时需要重点考量的对象。学者们围绕这些特性展开了深入研究，为理解这一领域的竞争结构、市场动态和法律规制提供了重要的理论支持和实践指导。这一理论强调了平台作为中介方连接两个或多个具有互补需求的不同用户群体的特点，这些群体之间的交互活动形成了所谓的双边或多边市场。在数字版权市场中，如音乐流媒体平台，一方面需要吸引并保持大量用户以实现规模经济和网络效应；另一方面则必须获取版权所有者的信任和合作，通过合法授权充实平台内容资源。这种双重依赖关系意味着平台的定价策略和商业模式设计不仅要考虑单方面的激励机制，还要兼顾双方用户的满意度和参与度。

近年来，双边市场中的平台经济行为及其对版权管理的影响引起了学术界和政策制定者的广泛关注。Bakos 和 Armstrong（1997）最早对双边市场的运作机制进行了深入研究，指出平台企业常采用交叉补贴策略来吸引和维持用户，如通过广告收入补贴免费用户，或者用付费用户的订阅费用补偿版权所有者的版权成本，从而在市场两端用户间建立起互利共生的关系。

Liebowitz、Margolis（1995）及 Rochet、Tirole（2003）等学者进一步探讨了双边市场中交易规则的设计以及价值分配问题，强调了平台在撮合供需双方时，如何平衡版权持有者与用户之间的利益分配，以及如何有效处理版权侵权事件以维护市场秩序的重要性。

随着数字化进程的推进和版权保护技术的升级，如 Belleflamme 和 Peitz（2015）所述，平台的市场实力评估变得更为复杂。传统的市场份额和价格控制力的指标可能不足以反映双边市场的真实竞争状况，因为在数字版权领域，平台的核心价值来源于促进供需双方高效匹配和提升交易质量，而非简单的供应控制或需求管理。

因此，Evans 和 Schmalensee（2016）强调，针对双边市场的特性，监管机构面临着如何制定和实施既能防止市场力量滥用、又能鼓

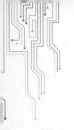

励创新的公平竞争政策的挑战。这一课题涉及对市场结构的深度理解、对平台经济规律的精准把握以及对版权法与竞争法交叉领域的综合考量，亟待进一步的理论研究和实证分析。

纵观学术界和业界的研究成果，双边市场理论在分析数字版权市场的动态演化、竞争格局以及技术创新等方面提供了新的理论工具和实证依据。未来的研究趋势将继续关注如何优化平台设计以实现更高效的市场运作，以及如何构建更为完善的法律和政策环境以适应数字版权市场双边或多边特征带来的挑战。

（二）网络外部性与锁定效应

网络外部性现象在数字版权领域尤为明显，即平台上的用户数量越多，对其他用户的吸引力越强，从而进一步增加用户数量。这可能导致市场集中度提高，形成"赢者通吃"局面，影响市场竞争与创新激励。

网络外部性现象在数字版权领域的显著性已被众多学者所证实和探讨。早在 20 世纪 90 年代，经济学家如 Katz 和 Shapiro（1985）就提出了网络外部性概念，指出产品或服务的价值不仅取决于其本身的特性，还与使用该产品的用户数量密切相关。在网络环境下，尤其是数字版权领域，这一特性表现得更为明显。在网络版权市场中，如电子书、在线音乐、影视流媒体等，用户基数的增长会显著提高产品的价值。如 Liebowitz（2006）在研究中指出，数字版权产品如在线社交网络、数字图书馆等，其用户数量的增多会产生正面的网络效应，使更多的用户愿意加入，进一步提升平台对新用户的吸引力。市场份额有可能向少数几家大型平台集中，形成所谓的"赢者通吃"市场结构。George J. Stigler（1987）和 Jean Tirole（1988）等学者的研究也表明，网络外部性可能导致市场进入壁垒提高，使新竞争者难以撼动已确立市场地位的企业。此外，Evans（2003）和 Shapiro（2003）的研究进一步指出，网络外部性可能导致市场竞争失衡，损害市场竞争与创新激励机制。

综上所述，网络外部性在数字版权领域的表现加剧了市场竞争的复杂性，要求政策制定者和监管机构在维护市场公平竞争、鼓励创新与保护消费者权益之间寻找恰当的平衡点。尤其在当前数字版权市场竞争日益集中的背景下，理解和妥善处理网络外部性的影响显得尤为重要。

（三）内容分发渠道的变化

在版权产业的传统模式中，内容分发链条冗长且依赖物理媒介，这一观点得到诸多学者的认同，如 Thompson（1995）在其著作中详细描绘了这一复杂流程，从创作者到版权持有者、出版社、印刷厂、零售商等各个环节紧密相连，形成了一套严密的内容生产与分销系统。Stahl（2002）指出，传统的版权产业中，出版商和唱片公司等中间环节发挥了至关重要的作用，他们不仅负责内容的选择和编辑，更是市场营销和流通渠道的主要控制者。

随着互联网技术的迅猛发展，数字版权市场的兴起颠覆了传统的

内容分发模式，这一转变受到了 Liebowitz（2006）和 Baggott（2011）的密切关注。他们指出，以互联网平台为核心的新型分发模式逐渐取代了传统中间环节，实现了内容的即时在线发布和全球化传播。如 Zhang 和 Li（2014）的论述，以亚马逊 Kindle、Apple Music、Spotify、Netflix 为代表的数字平台直接连接了内容创作者与消费者，极大地压缩了内容流通周期，降低了分发成本，并促进了去中介化的趋势。

在数字版权市场中，内容分发呈现出若干新的特点。Caves（2000）强调了直接面向消费者（D2C）的趋势，内容创作者不再受限于传统代理商，而是能够直接通过平台触达全球受众。Van Dijck（2013）则关注了基于大数据和人工智能技术的个性化推荐，平台可根据用户偏好提供精准的内容推送，提升用户体验和转化率。关于按需消费模式的兴起，如 Hennig-Thurau 等人（2015）所研究的，用户可在任何时间、地点在线购买或租赁内容，打破了时空限制。此外，Keegan 和 Green（2011）讨论了互联网环境下众筹和粉丝经济的兴起，创作者通过众筹活动获得创作资金，同时也加深了与粉丝的互动关系，形成新的生产消费模式。至于跨界整合与协同创新，如 Johnson（2017）所探讨的，数字版权市场推动了内容在多种媒介和渠道中的同步分发和创新，延长了内容的生命力。

总体而言，数字版权市场的兴起对版权产业的分发方式、参与者结构和商业模式产生了深远影响，同时也对版权法规、版权保护技术和商业模式创新提出了新的要求和挑战。学者们的研究揭示的种种变化，反映了版权产业在全球化、数字化背景下正在进行的深刻转型。

1. 多样化和个性化

数字版权市场支持多样化的商业模式，如订阅服务、按次付费、授权使用等；同时也支持个性化定制和精准推送。在数字版权市场上，内容产品的形态和类型呈现出前所未有的丰富多样性。从短视频、直播、长视频到在线课程、电子书、音乐流媒体等，多样化的数字内容满足了不同用户的个性化需求。同时，大数据分析和人工智能技术的应用，使平台能够根据用户的浏览历史、兴趣偏好等数据进行精准推荐，进一步增强了内容服务的个性化体验。

2. 技术驱动与创新性强

区块链、数字水印、数字版权管理等技术的应用，一方面强化了版权保护手段，另一方面推动了新的交易模式和业务形态的产生。技术进步驱动下的数字版权市场具有高度的动态性和快速迭代性。随着新兴技术如 5G、云计算、VR/AR、区块链等的发展应用，新的创作工具和展示方式不断涌现，商业模式也在持续创新，如订阅制、付费阅读、广告分成、粉丝经济等模式都为数字版权市场的繁荣提供了动力。为了应对数字版权作品易复制的挑战，技术手段如数字版权管理被广泛应用，旨在保护版权作品免遭非法复制和传播，但其实施效果和对消费者权益的影响一直存在争议。数字版权研究强调法律与技术的相互作用，法律制度需要跟上技术发展的步伐，对版权法进行适应性调整，以确保其既能保护创作者的合法权益，又能促进信息的合理传播与使用。

3. 产业链融合，高度集中化与寡头竞争格局

数字版权市场促使文化产业与其他行业深度融合发展，如电信、互联网、硬件设备制造等行业共同构成了一个完整的数字内容生态系统。随着资本和技术力量的整合，一些大型科技企业逐渐在数字版权市场占据主导地位，通过独家授权、并购等方式构筑壁垒，导致市场集中度提高，引发反垄断监管的关注。

综上所述，数字版权的独特属性和特点是由技术发展所驱动的，涉及版权保护、市场竞争、消费者权益、技术创新等诸多方面，对全球范围内的法律、经济和社会产生了深远影响。随着技术进步和全球经济一体化进程的加速，数字版权领域的研究将继续深化，以求在法律保护与市场创新之间寻求平衡。

二、技术变迁与版权价值

数字版权产业的商业模式是在数字技术基础上，对传统出版内容进行整合和超越而发展起来的一种新兴产业模式。该模式是在数字内容生产的整个过程中，通过统一的数字化形式记录所有内容信息，并借助计算机或终端设备对信息进行处理和接收，通过网络（有线或无线）进行复制和传播。

（一）主要数字版权商业模式

根据 Alex Osterwalder（2010）的解读，商业模式是将战略方向、运营结构和经济模式进行融合与提升的过程，它阐明了企业如何通过为客户创造价值、构建内部组织架构以及与相关利益方建立合作网络，以实现市场创造、价值传递和关系资本培育，并获取利润、维持现金流。商业模式对于理解数字版权产业的格局非常关键。正如美国著名经济学家约瑟夫·熊彼特在 1939 年提出，四个新领域的企业（新商业、新技术、新供应源和新成立企业）的商业模式竞争比价格和产出竞争更为重要。目前，数字版权产业比较常见的商业模式主要有以下几种。

1. 平台模式

（1）APP 应用模式。搭建平台，通过独家硬件，吸引第三方销售内容应用程序，收取销售分成的模式，如苹果应用商店（APP Store）。其主要特点是硬件与软件应用程序的有机结合，成为巨型的APP Store 销售平台，即通过有创意的硬件产品 iPhone、iPad 来吸引消费者，并通过自身的软件平台吸引第三方应用开发者入驻，而且由第三方自主定价，形成硬件产品销售、第三方内容发布销售的分成佣金的联合收入模式。

（2）亚马逊运营模式。搭建内容平台，开发自有阅读终端，与各个出版商签约，建立下载图书网站，通过软硬件一体销售经营电子图书，如亚马逊网站，Kindle 阅读器、FIRE 平板电脑，由平台商对电子书内容进行定价。亚马逊就是这种运营模式，以巨量的内容为基础和配套的阅读器为专有渠道，基于亚马逊已有的电子商务平台，实现内容销售和终端销售的有机结合，取得了良好的经济效益。

（3）综合电商模式。京东、亚马逊中国、苏宁等既销售电子书内容，也销售其他家电、3C 数码和百货等。电子书销售盈利是一方面，读者用户为其提供流量，转化为购买电商平台其他商品的用户则是另一方面。

（4）纯移动电子书平台模式。该平台不做硬件，只加工电子书销售，供移动阅读之用，如多看阅读、唐茶图书、亿部书城、91 熊猫看书、塔读文学、掌阅书城等，支持 iOS、Android、Kindle 等终端。

（5）无线图书运营模式。建立手机书城，通过无线渠道与出版社等内容提供商合作，向手机用户提供图书阅读付费下载服务，目前由中国移动手机阅读基地、中国联通沃阅读、中国电信天翼阅读等支持千余款主流手机，覆盖 iOS、Android 等主流手机操作系统，以 G3 阅读器为核心阅读载体，辅之以 PC Web 阅读器等通过彩信、短信等进行营销推广，下载电子书还能免流量费。手机运营商阅读基地模式具有用户海量、盈利模式清晰和付费方式便捷的特点，加快步伐使内容提供商进入数字出版领域并获得较好收益，对于数字阅读的发展有积极影响。

2. 订阅服务

（1）流媒体订阅。订阅服务的典型例子是 Spotify，该平台在 2006 年问世。它们的盈利方式是一种免费＋增值（Freemium）模式：用户可以免费试用流媒体服务（Streaming Service），但其中包含广告；如果想要享受去除媒体流限制、获得更高质量并可以在 iOS 和 Android 等移动设备上使用的增值服务，则需要每月支付 9.99 美元的服务费。此外，Spotify 还提供付费下载功能。Spotify 提供的服务有交互式和非交互式两种。交互式服务允许用户根据自己的喜好在任何时间、任何地点获得音乐作品，例如用户可在线收听或下载他们想要听的歌曲。非交互式服务则与网络电台服务相似。通过插播广告实现利益平衡，将 P2P 技术合法化，这种服务在技术上被视为一种商业模式。此外，还存在一系列类似的流媒体订阅音乐服务，包括 Rhapsody、MOG、Rdio、Zune、Slacker 等。

（2）下载订阅。eMusic 是典型的采用订阅模式的下载服务。该服务的盈利方式是，用户每月支付 11.99 美元可下载 24 首单曲，而支付 31.99 美元可下载 73 首单曲。由于音乐下载格式为 MP3，因此在任何设备上都可以播放所下载的音乐。

（3）网络文学付费方式按字数计费。收费是网站常见的做法，以每千字 2 分钱为例。有 PC 端起点中文网、红袖添香、晋江文学等专业网站，还有新浪读书、腾讯读书等门户网站的原创读书频道。

3. 广告模式

我国网络广告市场规模已超过 500 亿元，其中大部分报纸的网站都采用此模式。此外，一些读书网站，尤其是小说阅读网站，也使用了相同的策略。同时，视频网站运营商会购买高质量的内容视频，吸引不同平台（如 PC、手机和平板电脑）的用户观看，并以其高人气来吸引广告商进行广告投放。代表性的在线视频平台有腾讯视频、爱奇艺等。视频网站与传统报刊媒体的区别在于，新技术使视频网站的广告编排方式远远超过传统媒体。除了片头广告外，广告还会以贴片的形式在特定地域和热门栏目中散播。网络播放模式的典型代表是Pandora，它可以提供自动音乐推荐服务。用户只需输入喜欢的歌曲或艺人，系统便可播放相似的歌曲，从而创建个性化电台。用户有两种可免费使用服务的选择，但会显示广告。另外，用户还可选择每年36美元或每月3.99美元的服务，以享受无广告、高音质、个性化皮肤和独立于浏览器的桌面应用等服务。类似的服务还包括Turntable.fm、Last.fm、Sirius XM Satellite Radio和Podcasts等。

4. 直达模式

直达模式指的是音乐人绕过唱片公司的管控，直接利用在线商店、社交媒体等渠道向歌迷销售自己的作品。在新技术的推动下，音乐人可以相对独立地进行创作和发行，不再受限于传统的音乐演出、广播授权和唱片公司的控制。一方面，这种模式可以使音乐人独立于音乐公司的掌控，减少发行开销；另一方面，这种模式还能够培养歌迷对音乐人的忠诚度，进而构建稳定的歌迷群体，产生品牌效应。例如，Bandcamp提供了快速可靠的流媒体服务和下载服务，让音乐人能够自由地设定作品的价格，甚至可以选择免费分享。在这种模式下，音乐人能够获得超过85%的收益。类似的平台还包括Radiohead实验、Nine Inch Nails实验以及Magnatune等。

（二）数字版权商业模式的创新

数字版权商业模式的创新是当前数字版权产业发展的一个重要推动力，标志着该领域在探寻可持续发展路径和提升用户体验方面的重大突破。从传统的版权售卖模式向多元化、灵活化和个性化的商业模式转变，这一变革不仅拓宽了内容创作者的收入来源，增强了他们持续创作的动力，也极大地丰富了消费者的体验，满足了其对内容获取的个性化、即时化需求。

1. 订阅制商业模式兴起

订阅制商业模式使内容创作者能够通过定期订阅费用获得稳定收入，消费者则可以通过相对较低的成本访问大量高质量内容，实现双赢。订阅服务不仅存在于数字媒体领域，还在教育、软件等行业中广泛应用，极大地降低了版权内容消费的门槛，促进了市场的活跃度和内容的广泛传播。

2. 微支付模式推广

微支付模式使消费者能够以极低的价格购买单个数字作品或享受一次性的服务，这种按需付费的模式极大地满足了用户对于小额、碎片化内容消费的需求，同时也为独立创作者或小型内容制作团队提供了生存空间和创收机遇。

3. NFT 商业模式兴起

随着区块链技术的成熟，NFT（非同质化代币）作为一种全新的数字版权商业模式应运而生。NFT 通过赋予每个数字作品独一无二的标识和所有权证明，打破了数字内容"可无限复制"的传统认知，使数字作品可以像实体艺术品一样具有稀缺性和收藏价值，从而为创作者开辟了一条全新的价值捕获通道。NFT 的出现不仅革新了数字版权交易的方式，还为艺术家、音乐家、作家等创作者提供了全新的版权保护和收益途径，同时也极大地丰富了消费者对数字内容的投资和收藏体验。

综上所述，从订阅制、微支付到 NFT 等各种创新商业模式的涌现，有力推动了数字版权产业的纵深发展，促进了产业生态的多元化和繁荣。这些商业模式不仅为内容创作者创造了更多元、更灵活的盈利机会，同时也为消费者带来了更加个性化、便捷化的内容消费体验，体现了数字版权产业在技术驱动下的不断创新与进步。

第三章　数字版权经济价值评估与市场权力

一、数字版权的经济价值评估

在数字版权产业中，版权的价值评估和定价策略往往与市场供需理论及垄断环境下的经济行为密切相关。版权作为数字版权产业的核心资产，其价值不仅基于创作成本、稀缺性以及市场需求，还受到版权所有者市场地位的影响，特别是当存在垄断时。

（一）数字版权的成本结构：以电子书为例

当数字内容产品制作完成后，发行商欲取得播放授权，便需与制作方就版权费用展开商谈。尤其在当前市场环境充满变数的情形下，用对于制作方而言，版权费无疑成为一种重要的经济保障手段，有助于抵消他们在创作过程中投入的巨大资金。制作方可依据对自身数字内容产品整体价值的认知，或是参照初期的投入成本，灵活设定版权费用收取方式，既可以要求一次性付清全部版权费用，也可以要求按一定比例分期提取版权费分成。这样既能确保制作方的投资回报，又能适应市场的多样需求。有关获取收益的方式，不同思路有不同的取向。前一种方法倾向于获得即时的利益，而后一种方法则更注重数字内容产品在市场上的前景和其按市场收益分成后的最终回报。对于数字内容产品的出版商而言，若制作方选择一次性收取版权费，那么出版方将面临巨额开支。但一旦获得播放权，数字内容便可重复利用，而复播所带来的巨额红利则成为出版商收入的主要来源；如果制作方采取的是先用版权费用的部分来抵消前期费用，那么对于发行方来说，版权费用只是一笔较少的支出，而产品的后期收益也应当与制作方分享。版权作为数字内容产品生产者的关键筹码，在定价机制中扮演着重要角色，只有通过定量分析才能全面了解数字内容产品的特点。

以图书出版业为例，传统出版和数字出版是出版行业的两个主要方向，划分的依据主要是技术和消费变化。数字化转型使电子书成为一种新的知识传播形式，它将传统的出版方式转化为数字化的形式。电子书的价值度量可以参考传统价值计量方法。对于音视频等其他数字内容而言，由于没有实体产品，它们的传播途径和销售方式与传统产品存在很大差异，因此需要改进自然产品计量方法。

（1）前期成本。传统出版社和数字出版企业均需购置设计工具、计算机和其他办公专用设备，但数字出版企业的发展需要过硬的技术、先进的设备，这些投入成本不同于常规的办公设备，一台大型服务处理器耗资巨大。

（2）中期成本。对于传统出版社而言，图书制造费用包括人力成本、设备折旧费、印刷费用和纸张费用等。而数字出版的电子图书仅需要人工成本、资产折旧及小部分存储成本，并无其他费用。

（3）后期成本。在图书销售方面，传统出版社向线下书店和网上书店收取一定比例的发行费用，而数字出版公司则以互联网为媒介进行广告和促销，因此对外宣传、发行的成本相对低。同时，传统出版社还需要承担图书退货成本、库存成本、仓储成本等，这些因素会无形中增加后期成本，数字化图书发行商却没有这种成本。当然，二者相同之处在于，版税制下，两种企业都要根据销售的数量和图书定价计算比例向作者支付版税，还有一些出版社是按照固定稿酬制度一次性支付买断作者的作品。动态分析看，两种出版方式下的图书产品边际成本存在较大差别，比如，传统出版的图书，都是纸张印刷的载体，一本书中包含了印刷成本、纸张成本、装订成本等，这些都是固定支出，而数字出版的图书属于电子书，用户可以直接在阅读平台上订阅，复制成本几乎为零，即便版权保护需要加密处理，这些几乎不需要投入太大的成本。但是，传统图书的平均成本高低与该图书生产量、销售量有直接关系，不论如何努力，其边际成本都大于零。但电子图书不同，随着销售量的提升，平均成本开始下降，此种情况下，边际成本可以趋近零，甚至会达到零。

（二）纸质书与电子书出版的经济学原理分析

通过对比分析传统出版、数字出版特征，利用经济学理论中的供需模型、边际替代率和价格弹性等分析工具，展开分析。

（1）供需模型。在数字网络环境中，假设纸质书和电子书的需求曲线分别以 D1 与 D2 表示，且 D1=D2，意味着两条曲线是完全重合的，曲线函数为 Q=a-bP，按照前文的定性分析，纸质书边际成本是固定的，是 C_1 曲线；电子书边际成本为零，它的边际成本曲线 C_2 重叠在横轴上。为达到利润最大，两类出版社的均衡点设立为 A 和 B。

对于传统出版社而言，其收益函数为

$$\text{II}_1=（P-C）Q=（P-C_1）（a-bP）=-bP^2+（a+C_1b）P-aC_1$$

为了获得最大收益，$\dfrac{\partial \pi_1}{\partial P}=-2bP+a+C_1b=0$

于是得到：$P_1=\dfrac{a+C_1b}{2b}$

$$Q_1=a-b\dfrac{a+C_1b}{2b}=a-\dfrac{a+C_1b}{2}=\dfrac{a-C_1b}{2}$$

对于数字出版企业而言，其收益函数为

$$\text{II}_2=（P-C）Q=（P-0）（a-bP）=-bP^2+aP$$

为了获得最大收益，$\dfrac{\partial \pi_2}{\partial P}=-2bP+a=0$

于是得到：$P_2=\dfrac{a}{2b}$

$$Q_2=a-b\dfrac{a}{2b}=a-\dfrac{a}{2}=\dfrac{a}{2}$$

对比 P_1 和 P_2 计算结果可以看出：$\Delta P=P_1-P_2=\dfrac{c_1}{2}>0$，此刻电子书均衡价格小于纸质书；再对 Q_1 和 Q_2 进行比较发现，$\Delta Q=Q_1-Q_2=-\dfrac{c_1b}{2}<0$，此刻电子书均衡销量大于纸质书。

（2）边际替代率。电子书与纸质书是竞争关系，它们是可相互代替的。如果电子书定价过高，消费者购买量会下降，纸质书销售量则会提升。相反，电子书价格下降，消费者购买纸质书的销量则会下降，转而购买电子书。两种图书之间的边际替代率 λ 即为常数。

总体来看，电子书相对于纸质书的替代率是 1，可确定 $\lambda = 1$，即消费者购买了电子书，就不会购买纸质书，消费者购买了纸质书，购买电子书的概率就是零，那么每当消费者买一本电子书，也就意味着纸质书少销售一本。

（3）需求价格弹性。假设电子书的边际成本等于 0，在这样的情况下，数字出版可以灵活定价产品，它能够调整的范围比较大，如果电子书的价格弹性为 γ，那么意味着电子书定价减少 1 个单位，就会增加电子书销售量 γ 本。前文也提到了电子书与纸质书之间的边际替代率为 1，一部分购买电子书的消费者就会放弃购买纸质书。在这种情况下，纸质书的销量将减少 γ 本。

综上分析，电子书和纸质书的替代作用让二者销量呈反向变化，其变化的规律是：数字出版企业降低电子书价格，导致纸质书销量减少，这是因为一方销售价格变化会导致自身销售数量相反方向的双倍变化，同时对方图书销售数量也会发生同向但是单倍的变化，因而使电子书销量双倍增长；出版社降低纸质书价格，会导致电子书销量减少，因而使纸质书销量双倍增长。因此，对传统出版商和数字出版商来说，提高定价不但使其自身的销量下降，而且因其存在替代作用，一方提升定价，会使另一方图书销量翻一番，甚至是多倍增加。

因为纸质书和电子书的成本差异，它们在市场上竞争的地位有所不同。传统出版社的定价不能低于 C_1，因为其边际成本是固定的，且大于零，而数字出版的电子书边际成本趋近零，甚至还可以更低，为此电子书的定价可以在较大范围内任意调节，从而扩大市场份额，提高销售收入。由于两种图书边际成本的差异，传统出版社在激烈的市

场竞争中难以与之抗衡，处于相对弱势的地位。边际成本的不同，为数字化出版商在网络环境下制定和执行网络营销战略提供了良好的基础。目前数字图书出版商更注重长远利益，他们的短期目标是通过折扣、免费等低价促销手段抢占市场，争取未来垄断市场后的巨大收益。

（三）数字版权定价的影响因素

数字版权定价是一项复杂的决策过程，其受众多内在及外在因素的交织影响。首先，产品成本构成了定价的基础，这涵盖了创作、生产、存储和分发等各个环节的成本，尤其是对于数字版权产品而言，虽然边际成本相对较低，但版权收购成本、数字版权管理系统的实施与维护成本等亦应纳入考量范围。其次，市场需求强度及其对价格接受度在定价过程中占据决定性地位，在市场需求旺盛且消费者需求弹性较小的情况下，定价水平往往较高；反之，则可能采取低价策略以扩大用户基础。最后，市场竞争力作为另一重要因素，竞争对手的定价策略及其产品特性将直接作用于自身的定价决策，尤其在面对相似产品充斥市场的激烈竞争时，更需要制定具有竞争力的价格策略以吸引消费者；反之，若产品具有独特性或无可替代性，则拥有较大的定价空间。

此外，版权保护的程度也间接地影响着定价，强有力的版权保护制度有助于稳定价格，降低非法复制和分销的风险，保障版权所有者从合法销售中获得稳定收益。同时，产品本身的特性与消费者对其价值的认知密切相关，诸如产品质量、稀缺性、品牌效应、用户体验、更新频率以及服务质量等多个维度均会影响定价。

进一步地，根据市场细分与定位的不同，面向不同消费群体、地域市场和销售渠道的数字版权产品，其定价策略亦需有所差异，例如，为高端用户提供定制化服务的产品通常会有较高的定价。法律法规与政策规定同样是影响数字版权定价的关键因素，各国和地区关于版权法规、税收政策、补贴政策等具体规定，都将对定价产生实质性影响。

在网络效应与规模经济的作用下，部分数字产品如在线订阅服务，因其价值随用户数量增加而增大，可能在初期采用较低定价吸引用户，待用户基数达到一定规模后，再适时调整定价策略以实现边际收益的最大化。考虑到数字产品的边际成本递减特性，在制定定价策略时虽有可能趋向更低价位，但也需兼顾边际收益最大化的原则。

总结来说，数字版权定价是一个全方位考量多种内外部因素的综合性过程，必须借助市场调研、财务分析和战略规划等多种工具与方法，以确保定价既能够真实体现产品价值，又能够灵活适应市场环境的变化，最终实现经济效益的最大化。从定价角度看，数字作品由于可无限复制且边际成本极低的特性，理论上其定价不受物理介质成本限制，可以根据市场需求、作品稀缺性、作者声誉等因素来确定。然而，过高的定价可能会刺激非法复制和传播，因此版权持有者必须考虑市场接受度和版权保护措施的有效性。

二、市场力量的滥用

数字版权产业的蓬勃发展，不仅为人们提供了丰富的娱乐和信息资源，同时也在经济层面带来了新的机遇和挑战。数字版权产业垄断问题日益突出，已经对市场竞争和创新产生了负面影响，引发了广泛的社会关切。2021 年，国家市场监督管理总局对腾讯公司做出处罚决定，认为其通过与国内外多家唱片公司签订独家版权协议，构成了滥用市场支配地位行为，责令解除相关独家版权协议并处罚款，成为自《中华人民共和国反垄断法》（以下简称《反垄断法》）实施以来对违法实施经营者集中采取必要措施恢复市场竞争状态的第一案，开启了数字版权产业反垄断的先河。

2022 年，中国知网受到反垄断审查，激起关于内容平台反垄断的热议。2023 年，视觉中国因向涉嫌版权侵权的摄影师主张版权维权而引发争议，既有版权制度的合理性在数字时代受到挑战。2024 年 3 月 4 日，欧盟对苹果公司处以 18.4 亿欧元（当前约 143.7 亿元人民币）罚款，原因是其在音乐流媒体应用分发市场中滥用主导地位，非法阻止了应用开发者向用户提供在苹果应用商店之外更便宜的音乐订阅服务信息。[①] 这一决定源于瑞典音乐流媒体服务平台 Spotify 于 2019 年对苹果公司提出的投诉，该投诉涉及苹果对其应用商店征收 30% 佣金等内容。

上述典型数字版权产业垄断案例反映出当前大型企业和平台通过购买独家版权、限制转授权以及支付高额版权费用等手段形成垄断的现象较为突出。数字版权产业呈现出明显的网络效应与规模经济特点，大型数字内容平台通过购买、合作或自主创作等方式，积累了大量版

---

① 参见《因滥用 App Store 规则，苹果被欧盟罚款 18.4 亿欧元》，载《IT 之家》，https://baijiahao.baidu.com/s?id=1792598653963644214&wfr=spider&for=pc，2024 年 3 月 4 日访问。

权资源，形成了版权集中化的现象。在版权集中效应的影响下，这些头部公司通过并购、独家授权等方式迅速积累内容资源和用户基础，逐渐形成强大的市场主导力量。在流媒体音乐服务、在线视频分享、电子书销售等领域，少数几个头部企业可能占据市场份额的绝大部分，这种高度集中的市场结构可能导致进入壁垒提高，新进企业和中小创作者难以获得有效的市场渠道和竞争优势。头部企业利用其市场地位，限制版权许可的范围和条件，进行不公平竞争或强制搭售等行为，不同领域的头部企业相互交叉拥有版权，形成了一种相互支持的垄断结构。垄断限制了竞争对手的进入和发展，降低了市场竞争性。消费者无法在不同的平台之间自由选择，导致消费者权益受损，同时，高额的版权费用也增加了平台的运营成本，可能进一步转嫁到消费者身上。此外，垄断限制了新技术和新模式的出现与应用，阻碍了数字版权产业的创新和技术进步，不利于产业的长期发展，不利于经济社会的整体发展。对数字版权产业进行反垄断规制刻不容缓。

在上述背景下，探索有效的规制措施解决数字版权产业的垄断问题，从深层建立更加符合数字时代规律的版权制度，维护市场公平竞争，促进创新发展，成为重要课题。我国 2020 年 11 月 11 日，第三次修订的《中华人民共和国著作权法》正式实施，新增了关于视听作品、信息网络传播权等方面的规定，反映了对新兴技术和商业模式下版权问题的关注。同时，反垄断法也在不断更新和完善，加强对数字经济领域垄断行为的规制。

然而，当前无论是反垄断执法还是司法，对于数字版权产业垄断的处罚和判决都具有一定的可探讨空间。从腾讯接受反垄断审查，到知网被处罚，以及一些游戏公司的诉讼案件，已有的处理结果和分析过程都存在一定争议，且当前法律角度的论证和规制都有一定的模糊地带，适用反垄断的例外条款和一般条款过程中存在一定的自由裁量空间，而其中的论证又由于缺乏实证和量化分析而具备一定的主观局限性。

本书立足这个现实背景，旨在明确数字版权产业反垄断规制的理论依据与实践需求，并在此基础上，系统地探究垄断形态、成因、危害以及反垄断规制的路径与策略，最终构建一套适应数字时代特征的、兼顾理论与实践的反垄断解决方案。研究的核心问题是：数字版权产业垄断现象是如何产生的？它如何影响整个产业的健康发展、市场竞争状况以及消费者的福祉？面对这一系列挑战，如何设计和实施有效的反垄断规制策略，既能够维护市场的有效竞争，又能够促进数字版权产业持续创新与进步？

版权保护是为了激励和保护创新，反垄断是为了激励竞争，二者制度设计的目标都是维护市场秩序的公平合理，从而最大限度激发市场活力。版权通过保护创作者的利益而设置了一道屏障，给予创作者一定程度的合法垄断权，从而激励和保护创新，反垄断则是从这道屏障之外，对版权滥用进而形成垄断的行为进行规制，从而促进和鼓励竞争。

然而，数字时代的版权保护与传统版权有较大区别，在数字化特征下，版权是否还需要从前的屏障？这道屏障怎样设计才是适当的，从而既保护知识产权，又不至于保护过度，怎样在既有的合法垄断基础上形成破坏竞争的垄断？换言之，在数字版权集中形成自然垄断并基于此开展战略垄断的双轮垄断现状下，如何有效实现版权制度的变革性重塑以适应数字时代的规律，实现对垄断现象的有效规制？这就是本书要探讨的核心问题。

在数字版权产业的反垄断规制中，反垄断法扮演着至关重要的角色，其应用旨在维护市场的公平竞争环境，防止企业滥用市场支配地位损害消费者利益、抑制创新活力，并确保所有市场参与者都能够在开放、透明的规则下实现共赢。尤其在数字版权产业中，由于技术进步带来的集中化趋势和平台效应，反垄断法的应用更为关键。然而，数字版权产业与平台经济发展密不可分，平台的特性导致其具有天然的"赢者通吃"特点，如果依据传统的竞争规制理论，对其进行反垄断审查和行政处罚，在一定程度上不利于平台发展，长远来看也未必能真正解决数字版权产业垄断的深层症结。

通过对国内外相关政策、法律法规、经济理论以及实证研究的梳理，本书通过提出版权制度的变革，将现有版权制度中的作者身份和所有权制度进行重塑，并实现利益的合理分配，从而实现在数字版权产业链中每一个创作者和参与者都能得到与其付出相匹配的报酬，在打破所有权思维桎梏的基础上，实现版权制度在数字时代的变革，以期真正消除数字版权产业垄断带来的危害。

数字版权具有显著的经济学属性，版权是一种法定的无形财产权，它赋予了数字内容创作者对其创作作品（如软件、音乐、视频、电子书、游戏、图形设计等）的专有权利。在数字经济环境下，版权赋予了数字内容产品市场交换价值，允许所有者通过许可、销售、转让等方式实现经济利益。

（一）版权的独占性产生竞争排斥

版权的独占性能够排斥其他竞争对手获取和提供相同版权资源的机会。在缺乏竞争的情况下，经营者通过对版权资源进行技术控制来实现报酬支付的目标，这体现为经营者形成和行使"市场支配力"。根据最新修订的《中华人民共和国反垄断法》第九条，市场支配力的行使表现为通过利用数据和算法、技术、资本优势，以及平台规则等方式进行具有支配市场竞争环境的垄断和滥用行为。数字经济环境下市场支配力的产生，是数据、算法、技术、资本和平台规则等多种要素综合作用的结果。这些要素的应用可能会涉及垄断行为，目的是追求垄断利润。垄断的市场支配力并非必须依赖于相关市场的集中地位，通过"版权＋技术"的手段来操控市场并在后续商业实践中隐蔽地进行违法行为的现象正逐渐呈现。

一种版权作品能够占据稳定的特定利基市场，吸引那些有着固定嗜好的消费者群体。在数字内容平台的应用中，版权资源被视为实质性的生产投入资源，并与劳动力生产要素有所不同。然而，由于稀缺性的影响，版权资源的发挥受到一定程度的限制。如果某数字内容平台具备某个类型的作品版权或拥有独占式许可，那么其将会对利基市场形成显著影响。数个利基市场整合就形成了数字内容平台独自拥有的消费市场，其他参与者由于版权的影响无法进入。版权集中后打造的市场力量比较长久与稳固，典型实例就是学术期刊出版、唱片行业和数据库经营产业全面集中后出现逐步稳定的市场架构。

经营者以专属权力为基础，通过拥有版权资源特别是独家版权来获得市场话语权，从而形成市场主导地位，对作品版权的许可授权、作品的获取交易等市场活动和竞争秩序产生影响、控制甚至起决定作用。这些市场经营活动以版权为核心，目的在于传播作品。然而，版权实际上只是一种保障机制，它确保了经营活动的合法性，经营者对版权的滥用体现在作品的创作、传播、后续开发、推广和维权等方面，其除了要求正常的对价和条件外，还会采取一些创新的商业营销手法，比如广告植入、会员机制、付费渠道转换等，以谋求更多的经济收入。消费者对此既无力抵制，也无法通过改变消费方式来满足精神消费需求。控制作品在互联网上的传播和获取范围，使版权的行使和滥用具有带来"即使没有实体优势也能够进行垄断经营"的可能性，因为市场上缺乏对同一作品或版权服务（不同类型的作品）的供应，所以经营者可以在特定的市场范围内建立竞争优势，最终在相应的市场范围内产生足够强大的影响力，甚至控制其他竞争对手和消费者市场活动。

在版权获酬中滥用市场支配力的问题是市场供给中版权资源的不可替代性而导致的。版权是一种排他性权利，对于经营者来说，重点在于他们的经营行为是"行使权利"，还是"行使权力"，这是一个从私有行为转向竞争行为的问题。数字技术使从事媒体传播的数字运营商具备了近似垄断行为中不合理定价的特征。虽然这些运营商并不是作品的实际创作者，但他们可以凭借渠道服务扮演独断的生产者角色。从实质上来说，他们提供了作品的访问资源。经营者利用其独一无二的资源和渠道来建立市场支配能力，从而有能力独自或与其他经营者共同决定、保持和改变版权商品交易或作品传播服务的市场地位。

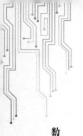
无竞争约束的任意决定、维持和变更商品交易的价格、数量、质量等交易条件，实际上是经营者滥用市场支配能力对商品交易和控制的直接体现。一些典型的技术保护措施正在成为滥用市场支配力量的手段，这些措施限制了作品的存取和传播，同时也赋予了经营者控制市场交易活动的能力，从而造成消费者额外付费、被迫接受营销推广等情况。

为了确定数字资源服务平台是否滥用支配地位，采取价格歧视行为垄断、收取高价费用，需要对订阅收益和广告收益进行划分。尽管拒绝许可版权的行为是版权法上的自主行为，但在反垄断法的范畴内，如果该行为导致其他竞争者无法以同等条件获得和提供版权资源，就可能带来排除限制竞争、市场力量失衡以及培养和滥用市场支配力的垄断风险。因此，无论是否具备市场支配地位，拒绝交易都可能构成《中华人民共和国反垄断法》第九条规定的违法行为。

（二）版权形成竞争排斥的原理

数字版权的内在价值是研究数字版权产业反垄断的基础。数字内容产品的经济效益与其版权因素紧密相连，版权成本和价值估算更是成为连接数字内容创作者与发布者之间合作关系的关键纽带。

用 p 表示一个复制品的价格，$q(p)$，代表特定作品的复制品市场需求，x 和 y 分别表示创作者和复制者产生的复制品数量（因此 $q=x+y$），c 表示创作者的边际成本，e 表示表达成本。

用 $z \geq 0$ 表示保护水平，$z=0$ 表示无版权保护，$z=1$ 表示全面保护（未经版权人同意，禁止复制）。在传统版权中，作者的边际成本固定，假设复制者边际成本递增（否则复制者能生产全部复制件，创作就无必要）。

复制者的供给曲线就可以写为：$y = y(p, z)$

在这种情况下，当 $y_p > 0$ 而 $y_z < 0$ 时，作者可以通过以下公式计算利润：$\pi = (p-c)x - e(z)$。

进一步替换变量 x，可以得到：$\pi = (p-c)[q(p) - y(p, z)] - e(z)$。

作者的表达成本用 $e(z)$ 表示，版权保护程度越高，$e(z)$ 的值越大。

假设作者的利润 R 等于销售复制件的收入减去制作这些复制件的成本，或 $(p-c)x$。随着 z 的增加，R 也会增加，但只有在 R 大于等于 $e(z)$ 时才会增加。

作者将创作一个作品，否则利润是负值。

假设创作完成的作品总数为 N，假设不同作者的表达成本 $e(z)$ 不同，有些作者的创作效率较低，这意味着当作者可以自由进入这个行业并创作新作品时，N 将不断增加，直到边际作者的表达成本等于 R。作品的供给将等于：

$$N = N(R, z)$$

当 N_R 大于零且 N_z 小于零时，版权保护（z）对 N 的影响取决于平衡这两个效果的净效果。提高版权保护既会使作品供给曲线上移（随着 N 的增加），又会使供给曲线随 z 迫使表达成本上升而上移。因此 $\dfrac{dN}{dz} = N_R \dfrac{dR}{dz} + N_z$。在较低水平的 z 下，限制由搭便车者进行的复制并提高作者收入将是主要效果，因此 $\dfrac{dN}{dz} > 0$。当 z 极低时，几乎没有创作作品，因为复制者抱团搭便车，使作者无法回收成本。因此，N 随 z 增加而增加，最少提高到 $\tilde{z}$ 水平。超过 $\tilde{z}$，主要影响是边际作

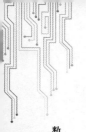
者成本增加，作品数量开始减少。

换言之，对于所有 $z < \tilde{z}$，N 关于 z 的导数大于零；当 z 等于 $\tilde{z}$ 时，N 关于 z 的导数等于零；而对于所有 $z > \tilde{z}$，N 关于 z 的导数小于零。

版权保护在一定程度时，有利于激励作者创作，但是过多的保护可能提高创作成本，直至到达某一个临界值，在这一点上，即使作者对自己的独创性表达享有完全的版权保护，也不可能收回表达成本。版权保护水平理想状态是由作品数量、作品成本、复制数量、复制成本共同决定的。关键是确立水平 z 的保护，传统版权中，这种保护涉及多个方面：思想与表达的二分法，版权保护的是表达而非思想；设立演绎权，并归版权人享有；容许未经授权的合理使用标准下的复制行为等。

作品数量、作品成本、复制数量、复制成本共同决定了版权保护水平的理想状态。表达性作品的复制件需求曲线是由复制件市场需求减去复制者的供给曲线 $[y = y(p, z^0)]$ 而形成的。创作者为表达性作品设定的边际成本（c）等于从需求曲线中获得的边际收入。在平衡状态下，创造出的表达性作品会产生一定数量的复制件，其价格被称为 p^0。这个价格包括了作者和复制者制作的复制件数量 x^0 和 y^0，以及总的复制件数量 q^0（$= x^0 + y^0$）。毛利润是指创作者通过销售这些复制件所赚取的利润，用 R^0 表示。剽窃者的边际成本或供给曲线取决于版权保护的程度——随着 z 的增加，y（z）会向左移，从而对价格、产量以及版权人的利润产生影响，增加 z 的一定量会增加 p、x 和 R，同时减少 y 和 q。

在创作市场上，随着版权保护不断提高，表达作品的数量（N）

逐渐增加，直到边际作者的表达成本等于回报。假设版权保护水平最初为 z^0，则决定了表达性作品创作者的毛利润（ R^0 ）。若版权保护水平提高，R 曲线上移至 R^1。然而，由于版权保护水平的扩大会减少公共领域，导致新作品 N 的供给曲线上移，从而增加了知识产权的创作成本。虽然新作品 N 随着版权保护水平的扩张而增加，但 z 在 N 上增加的净效果却不确定。

因此，它对版权人的收入增长效果降低了，这是由于它增加了表达性作品市场上的竞争并产生了反馈效应。

同时，z 的增加会导致一个损失，因为每个复制件的售价上涨，但销量下降。但 z 的增加可以提高作者的利润 R，却导致新作品的供应曲线上移并向左移动。前者造成了生产者剩余的增加，为社会福利带来了好处；后者则减少了生产者剩余。当 z 的边际收益在提高生产者剩余时，与复制品市场福利减少和新作品供给曲线上移导致的平衡减少保持一致，总的社会福利最大化。

作者如果选择 $\pi = (p-c)x - e(z)$ 这一价格使其利润最大化，就要求 p 符合

$$[q(p) - y(p, z)] + (p-c)(q_p - y_p) = 0 \tag{1}$$

也可以写为 $p\left(1 - \dfrac{F}{\varepsilon d + \varepsilon s(1-F)}\right) = c \tag{2}$

其中，F 是由作者所制作的复制件部分，1-F 是由复制者所制作的复制件部分，ε^d 是复制件的需求弹性，ε^s 是复制件的供给弹性 $\left[\varepsilon^s = y_p\left(\dfrac{p}{y}\right)\right]$。复制件的需求弹性越小，复制者的供给曲线弹性就越小，且作者的复制件份额相对于复制者的份额就越大。相反，当作者复制件的制作成

本相对于复制者的制作成本越低时，其份额就越大，在此种条件下，假定满足最大化的二阶条件：

$$\frac{\partial \pi}{\partial p^2} = 2 \left(q_p - y_p \right) + \left(p - c \right) \left(q_{pp} - y_{pp} \right) < 0$$

在这种情况下，每一复制件的价格也越大。

通过对等式（1）z 与 c 进行完全微分，就可以确定因为在版权保护水平（z）以及作者复制的边际成本上的变化而对价格产生的效果，由此得到

$$\frac{dp}{dz} = \frac{y_z}{S} > 0 \tag{3}$$

$$\frac{dp}{dc} = \frac{qp - yp}{S} > 0 \tag{4}$$

根据利润最大化的二阶条件，$S = \dfrac{\partial \pi}{\partial p^2}$ 为负。

在 z 和 c 上的增加就提高了每个复制件的价格，并且减少了所售出复制件的数量，假定复制者的总产量仍是正的。否则，在 z 上的增加将不会对复制件的价格和产量或数量产生任何影响，此时作者就成为一个垄断者，从而也无须任何版权保护了。

因 z 的变化给作者的毛利润（减去表达成本之前的利润）以及由作者与复制者制作的复制件数量（再次假设复制者的产量是正的）所产生的影响。从 z 的一个细微变化给毛利润（R）所造成的变化，是通过以下公式体现：

$$\frac{dR}{dz} = - \left(p - c \right) y_z > 0 \tag{5}$$

其中，$\dfrac{dR}{dz}$ 等于 $\dfrac{d(p-c)x}{dz} = \dfrac{dp}{dz} + \left(p - c \right) \left[q_p \dfrac{dp}{dz} - \left(y_p \dfrac{dp}{dz} + y_z \right) \right]$。整理

各项，得出：

$$\frac{d(p-c)x}{dz} = \frac{dp}{dz}[x+(p-c)(q_p-y_p)] - (p-c)y_z$$

既然从利润最大化的一阶条件而得出 $x+(p-c)(q_p-y_p)=0$，则上述表达式中的第一项就消除了，而只留下（5）中的表达式。

等式（3）中的 y_z 是复制者随着 z 的增加（设 p 保持不变）而在供给数量上的减少，那么由于 z 的一个小小增加而在作者毛利润上所产生的变化，就等于价格与作者边际成本之差乘以在作者供给复制件上的增加数量，该增量处于均衡状态时，就正好等于复制者所供给复制件的减少数量。

尽管作者的毛利润将随着版权保护水平提高而增加，直到复制者停止制作复制件——在此之后，继续提高版权保护水平也不产生任何收益了，因为已经没有任何更多的竞争者需要排除。但净利润并不必然提高。由于存在交易成本、取得成本（acquisition cost，即当新生产者想要在其作品中结合一个由他人享有版权的作品时，该版权所有人所收取的许可使用费）以及替代成本（substitution costs，在公共领域中发现某个与新生产者最想用的、有版权的作品相等同的东西），作者的作品受到版权保护，其成本也会随之提高。因此，除非他能获得许可，否则，若一个作者（而非复制者）可以从其他版权人那里借用而不对他们的版权构成侵权的材料越少，则其表达成本也就越大。因 z 的提高而造成的净利润变化究竟是正值还是负值，取决于：

$$-(p-c)y_z-e_z < 0 \text{ 或者} > 0 \qquad (6)$$

该式中的不等号与前述问题相关，即提高版权保护水平究竟是增

加还是减少新创作作品的数量？对边际作品（或者作者）加上一个正号，表示随着 z 的提高而增加的毛利润超过了随之增加的表达成本，从而净利润将得到提高，作品数量也将得以增加。如果加上一个负号，则表示更大的版权保护将导致作品数量的减少。

此前推测，在 z 的一个较低水平上，提高收入（revenue-enhancing）的效果将是主要的，而在 z 的一个较高水平上，则提高成本（cost-enhancing）的效果将是主导性的。不等式（7）更明确了影响 z 与作品的形式复制为数量关系的因素。既然毛利润就等于边际作者的表达成本，不等式（6）判断 z 是增加还是减少作品数量的条件就可以按百分比计算。

$$-\tilde{y}_z\left(\frac{y}{x}\right) - \tilde{e}_z < 0 \text{ 或者} > 0 \qquad (7)$$

这里，~ 表示由 z 的变化所产生的百分比变化。当复制者的份额相对于作者的份额而更小（亦即 $\frac{y}{x}$ 变得更小），这一表达式更可能是负的。既然复制者的份额随着 z 的提高而下降，而作者的份额则随之上升，那么不等式（7）在版权保护的较高水平上的值，就比在较低水平上而言更可能是负的。因此，与此前的推断一致，因提高版权保护水平而产生的收入增加效果是随着保护水平的提高而不断递减的。

复制者的边际成本随着 z 的提高而变得更大，并且，与复制件数量变化相关的在边际成本上的增加率越小，亦即其供给弹性越小。$-y_z = M_{yz} - M_{yy}$，其中 M_y 表示复制者的边际成本，因此当复制者的边际成本随 z 的增加而变大，并且其边际成本随 y 的增加而增加得更少，亦即复制者的边际成本曲线变得更加平坦或者更有弹性时，$-y_z$ 将趋于变得更大。此种情况下，因版权保护水平的变化所产生的在复制者供给上的百分比变化 $\tilde{y}_x$ 就将变得越大。

这有两层含义：第一，对于复制者来说，由于受保护部分更大，复制者通过以其他输入来替代该作者作品中受保护的部分，从而避免侵犯该作者的版权的难度就更大，而这种难度越大，就越增加复制者的边际成本。这就使作者的毛利润增加越多，并因此可能使作品数量随着版权保护范围的扩张而增加。如果复制者所生产的只是复制件，或者换言之，是依样画葫芦的模仿，那么根据定义，就没有产生任何其他的产品来替代作者的作品，因此，在 z 上的提高就将趋于对复制者的边际成本曲线以及对创作作品的数量产生一种很大的正效应。第二，复制者之间在效率或者成本上的差别越小（这取决于复制者使用该作者作品的相似程度），复制者的供给和边际成本弹性就越大，因此随着 z 的提高而增加的作者的毛利润也就越大。这也越可能通过扩大版权保护而增加所创作作品的数量。如其不然，当复制者以各种不同方式使用该作者的作品时，复制的边际成本就可能更少弹性，并因此使版权保护得以扩大，对于作者的毛利润只是产生一种较小的效应。

复制者与作者所产生的复制件数量随着版权保护水平的提高会发生变化。价格上升，复制件的总量将下降。然而，在复制者产量（y）上的变化将取决于两个效果抵消之后的净效果。随着 z 的提高，复制者的供给曲线将向左移动（$y_z < 0$），y 不断减少。但是，在 p 上的增加将导致供给曲线向上运动，y 不断增加。

在数字技术影响下，数字复制品的出现对原版作品产生信息互补的效应，可能导致原作品销售数量的增加。

原作作者利润为

$$\pi = (p-c)\,x - e(z) = (p-c)\,[Q(p) - y(p_c,\,z)] - I(z)$$

令 $\dfrac{d\pi}{dp} = [Q(p) - y(p_c,\,z)] + (p-c)\,Q(p) = 0$

此时，$p = C + \dfrac{\eta\, y(p_c,\,z) - Q(p)}{Q'(p)}$

总的消费者剩余包括两部分：一是消费原作品的消费者的 $CS_1 = \int_{p^*}^{\infty} Q(p)\,dp$，二是消费复制品的消费者的 $CS_2 = \int_{p_0}^{p_c^*} y(p_c,\,z)\,dp_c$。

此时社会总福利函数为

$$W = N(\pi,\,z)\cdot(\pi + \pi_c + CS) - E(N,\,z)$$

$$= N(\pi,\,z)\cdot\Big\{(p-c)\cdot[Q(p) - \eta\,y(p_c,\,z)] - I(z) + (p_c - c_c)\cdot y(p_c,\,z) + \int_{p^*}^{\infty} Q(p)\,dp + \int_{p_0}^{p_c^*} y(p_c,\,z)\,dp_c\Big\} - E(N,\,z)$$

此时，能使上述社会福利函数达到最大化的最优版权保护综合维度为

$$z'^* = \arg\max\Big\{N(\pi,\,z)\Big\{(p-c)\cdot[Q(p) - \eta\,y(p_c,\,z)] - I(z) + (p_c - c_c)\cdot y(p_c,\,z) + \int_{p^*}^{\infty} Q(p)\,dp + \int_{p_0}^{p_c^*} y(p_c,\,z)\,dp_c\Big\} - E(N,\,z)\Big\}$$

作者销售的复制件数量 $x = q - y$，并且加大版权的保护力度就提高了价格，减少了被销售复制件的总数量，那么，只有当 y 的减少数量超过了在 q 上的减少数量时，作者才可能销售更多的复制件。不过，这其实是最可能出现的结果。既然在 z 上的提高增加了作者所面临的剩余需求（residual demand），一般而言，作者就被预期可以销售更

多的复制件。但是，如果剩余需求曲线的弹性在其向外移动时充分下倾，那么作者在新的均衡价格上就可能生产得更少。这只是一个例子，用以说明：如果需求曲线随着需求增加而充分下倾，那么在需求上的增加，就将减少一个垄断者的最佳产量。

由此可以得出一个初步结论：如果出现数字版权产业垄断，则 $\int_{p^*}^{\infty} Q(p)\,dp$ 不一定得到提升，但 $\int_{p_0}^{p_c^*} y(p_c, z)\,dp_c$ 会出现下降，则社会总福利函数会下降，垄断对社会总福利产生不利影响。同时，由于复制技术的变迁对边际复制成本和复制品与原作品的替代程度产生影响，进而影响复制品的价格和原版作品的数量，最优版权保护综合维度也随之改变。在数字技术影响下，数字复制品和原作品互补程度高，开放版权将使这种复制对原作品的互补程度愈加提升，进而增加社会总福利函数；而垄断减少了复制品的数量，则会削弱这种互补，使社会总福利下降。

三、数字版权产业垄断的特性与供需理论解析

（一）垄断格局下数字版权定价模型及策略

对数字内容产品而言，制作商由于拥有版权而具有市场垄断地位，数字内容的发行商则由于本身数量不多且制作商通常不会对多个发行

商进行授权而形成一种寡头垄断地位。

1. 博弈论应用于数字版权产业反垄断规制的依据

博弈论是通过运用数学模型来分析理性决策者之间的冲突和合作关系，其主要研究两个以上参与者直接互动时的均衡问题，并找出相应的解决对策。在我国数字内容市场尚不完善的情况下，由于拥有无形资源的起始版权并呈现明显垄断特征，数字内容制造商在由制造商、发布者和消费者构成的供应链中对该数字内容的价格设定具有主导地位。实际上，从消费者的角度来看，决定数字内容产品价格的并非数字内容制作商，而是依靠网络平台发布数字内容的主体。数字内容生产企业的定价实际上是对整个内容产品的价值进行定价，具体来说，是对市场上流通数字内容产品可能产生的总价值进行确定。数字内容的发布者负责定价数字内容产品的单次播映权和可重复销售的播映权，具体标的物会有所不同。尽管如此，通过价格链可以将整个供应链连接起来。数字内容的总价值可以视为市场上单个内容资源的播放价值之和，这可以通过销量与单价的乘积来体现。因此，通过分析二者对数字内容的定价机制协调问题，并比较其适用特点，可以得出较为符合模型的结论。

2. 模型的基本假设及构建

通过深入探讨数字内容定价机制涉及的多元影响因素，可以根据这些因素之间的经济联系提炼关键参数，构建模型并对相关政策决策进行合理性评估。将市场主体的盈利模型拆分为收入和成本两个核心模块。重点关注的三个重要分析参数包括观看效果、收益分成比例和销售单价，这些因素在综合考虑数字内容交易的市场影响力和原则基础上发挥着关键作用。其中，观看效果是数字内容提供商定价的基础，并在发行商推广产品时起到决定性作用，对于定价机制具有重要意义。

关于数字内容产品定价的完全信息动态博弈模型构建如下：首先，鉴于数字内容版权的独特性质，内容制作商通常具备首动优势，握有对内容资源的决策权，因此，交易过程以内容制作商为引领者，内容发布商作为跟随者参与其中。其次，内容制作商基于设定的观看效果对内容资源传播所带来的规模经济效益提出特定的收益分成要求。最后，内容发布商依据接收到的这些信息，结合自身实力和市场条件，为数字内容设定合理的销售单价。

完全信息动态博弈模型在数字内容产品定价机制方面的基本假设是：数字内容生产者首先决定内容产品的观看效果，假设投入规模为 I，且 $m > 0$，投入难度以任意实数表示，观看效果越好的内容产品所需的制作成本越大。鉴于采用收益分享策略，制作方将更多期望寄托于未来市场收益，此处将版权费用视为一部分稳定收益的来源，设定版权费用占总投资规模的部分为 μI，其中 $\mu \in [0, 1]$，以部分补偿投资成本。需要注意的是，版权成本系数可以设定一个临界值，当制作方高度看好市场需求时，可能不收取版权费用，仅通过分享总收益激发内容发布商的积极性；若对市场收益预期较低，则可能会要求更高的版权费用。制作方的变动收益来自内容资源投放市场后的总收益分成，假设其分成比例为 α，其中 $\alpha \in [0, 1)$，制作方可以选择不分成仅依靠版权费回收成本，但总收益不可能完全归制作方所有，故分成比例

应在 [0，1）之间。

对于数字内容的发布商来说，假定单个内容资源的销售价格设定为 p，尽管订阅制付费方式普遍存在，主要聚焦单个内容资源的定价问题。设定销售总量为 $Q=\delta e^{\{-p \cdot \ln（t+1）\}}$，其中 δ 为销售模型中的正系数，反映所有影响价格和观看效果变动因素的综合效应。这种销售模式体现出数字内容的特性，价格的负指数效应表明降价会带来销量的快速增长，尤其是在互联网快速传播环境下尤为显著。然而，考虑到数字内容产品的特殊性，消费者对价格的敏感度在一定范围内有效，高价位下，消费者更注重内容品质而非价格变化。原点处的对数函数则体现出观看效果对销售额的正面作用，且在一定范围内，观看效果的提高将带动销售额迅速增长。基于用户基数和传播范围等实际情况的考量，这种积极影响在一定边界内发挥作用，而非无限放大。因此，总收益为 $R=p \cdot Q=p^2 \cdot \delta e^{\{-p \cdot \ln（t+1）\}}$；由于制作方的收益分成比例为 α，那么发布商的收益分成比例为（$1-\alpha$）；再者，假设每次播映数字内容，发布商需承担的单位成本为 $c0$，且 $0 < c0 < p$，单位成本涵盖投资过程中的固定成本等组成部分。于是，发布商的总成本为 $C=c0 \cdot Q=c0 \cdot \delta e^{\{-p \cdot \ln（t+1）\}}$。

根据以上基本假设及交易流程分析，可构建基于完全信息动态博弈的数字内容交易主体利润函数模型，假设数字内容制作商、发行商的利润函数分别为 $\pi1$、$\pi2$，则两主体的利润函数模型如式（1）和式（2）所示：

$$\pi1=\alpha p\delta e^{-p}\cdot \ln（t+1）+\mu-\frac{mt^2}{2} \tag{1}$$

$$\pi 2 = (1-\alpha)\, p\delta e^{-p}\cdot\ln(t+1) - \mu m\frac{mt^2}{2} - c0\delta e^{-p}\cdot\ln(t+1)$$

$$(2)$$

3. 完全信息动态博弈模型的均衡分析

解决上述模型时，可以采用逆向归纳法对博弈主体的决策因素进行分析。首先，对市场跟随者进行盈利能力的分析，求解其在市场销售单价下的盈利最大化问题。其次，将该条件代入市场领导者的盈利函数，依次考虑收益分成比例和观看效果，求解市场领导者的盈利最大化条件。通过这种方式，在完全信息的动态博弈模型中得到平衡解决方案。具体过程如下。

由逆向归纳法可知，首先用 π_2 对 p 求导，令一阶导数等于零，即为

$$\frac{\partial \pi_2}{\partial p} = \left\{ (1-\alpha)e^{-p} - e^{-p}[(1-\alpha)p - c_0] \right\}\delta\cdot\ln(t+1) = 0$$

由于 $\delta\cdot\ln(t+1) > 0$，所以 $(1-\alpha)e^{-p} - e^{-p}[(1-\alpha)p - c_0] = 0$。求得式（3）

$$p = 1 + \frac{c_0}{1-\alpha} \tag{3}$$

将式（3）代入式（1），得式（4）

$$\pi_1 = \alpha\left(1 + \frac{c_0}{1-\alpha}\right)\delta e^{-(1+\frac{c_0}{1-\alpha})}\cdot\ln(t+1) + \mu\frac{mt^2}{2} - \frac{mt^2}{2} \tag{4}$$

然后，将 π_1 对 α 求导，令一阶导数等于零，即为

$$\frac{\partial \pi_1}{\partial p} = \left\{ [1 + \frac{c_0(1-\alpha)+\alpha c_0}{(1-\alpha)^2}]e^{-(1+\frac{c_0}{1-\alpha})} + e^{-(1+\frac{c_0}{1-\alpha})}\cdot\frac{-c_0}{(1-\alpha)^2}\cdot(\alpha + \frac{\alpha c_0}{1-\alpha}) \right\}\cdot$$

$$\delta\ln(t+1) = 0$$

由于 $\delta \ln(t+1) \cdot e^{-(1+\frac{c_0}{1-\alpha})} > 0$，所以需满足式（5）

$$1 + \frac{c_0}{(1-\alpha)^2} - \frac{\alpha c_0}{(1-\alpha)^2} - \frac{\alpha c_0}{(1-\alpha)^3} = 0 \qquad (5)$$

对式（5）整理得式（6）

$$1 + \frac{c_0}{(1-\alpha)^2} + \frac{\alpha c_0}{(1-\alpha)^2} - \frac{\alpha c_0}{(1-\alpha)^3} = 0 \qquad (6)$$

令 $\frac{1}{1-\alpha} = x$，则化简式（6）得式（7）

$$c_0^2 x^3 - c_0^2 x^2 - c_0 x - 1 = 0 \qquad (7)$$

根据盛金公式，由于 $c_0^2 > 0$，可对一元三次方程求解，

$A = b^2 - 3ac = c_0^4 + 3c_0^3 > 0$，$B = bc - 9ad = c_0^3 + 9c_0^2 > 0$，$C = c^2 - 3bd = c_0^2 - 3c_0^2 = -2c_0^2 < 0$，由于 $\Delta = B^2 - 4AC = 9c_0^6 + 42c_0^5 + 81c_0^4 > 0$，因此一元三次方程存在着一个实根两个共轭虚根。这里只取实根存在的情况考虑到收益分成比例的现实存在。因此根据求根公式可以得到式（8）

$$x = \frac{c_0^2 - Y_1^{\frac{1}{3}} - Y_2^{\frac{1}{3}}}{3c_0^2} \qquad (8)$$

其中，

$$Y_{1,2} = -(c_0^6 + 3c_0^5) + \frac{3c_0^2}{2}[-(c_0^3 + 9c_0^2) \pm (9c_0^6 + 42c_0^5 + 81c_0^4)^{\frac{1}{2}}] \quad (9)$$

将 $\frac{1}{1-\alpha} = x$ 代入式（8），可得式（10）

$$\alpha = 1 - \frac{3c_0^2}{c_0^2 - Y_1^{\frac{1}{3}} - Y_2^{\frac{1}{3}}}，由于该函数仅与 c_0 有关，可记为 \alpha(c_0)。$$

$$\qquad (10)$$

将式（10）代入式（3），可得式（11）

$$p = 1 + \frac{c_0{}^2 - Y_1^{\frac{1}{3}} - Y_2^{\frac{1}{3}}}{3c_0}, \quad \text{同理，可记为 } p(c_0)。 \tag{11}$$

将式（10）、式（11）代入式（1），并对 t 求导，令一阶导数为零，即

$$\frac{\partial \pi_1}{\partial t} = \frac{\left(1 - \dfrac{3c_0{}^2}{c_0{}^2 - Y_1^{\frac{1}{3}} - Y_2^{\frac{1}{3}}}\right)\left(1 + \dfrac{c_0{}^2 - Y_1^{\frac{1}{3}} - Y_2^{\frac{1}{3}}}{3c_0}\right)e^{-\left(1 + \frac{c_0{}^2 - Y_1^{\frac{1}{3}} - Y_2^{\frac{1}{3}}}{3c_0}\right)\cdot \delta \ln(t+1)}}{t+1} +$$

$(\mu - 1)\, mt = 0,$

由于 $t > 0$，根据一元二次方程的求根公式，可得式（12）

$$t = \frac{-(\mu-1)\,m - \left[(\mu-1)^2 m^2 - 4\delta(\mu-1)\,m \cdot \alpha(c_0) \cdot p(c_0) \cdot e^{-p(c)}\right]^{\frac{1}{2}}}{2(\mu-1)\,m}$$

$$\tag{12}$$

由此全部找出了基于完全信息动态博弈模型的均衡解法，其中关键分析要素梳理如下。

销售单价：$p(c_0) = 1 + \dfrac{c_0{}^2 - Y_1^{\frac{1}{3}} - Y_2^{\frac{1}{3}}}{3c_0}$

分成比例：$\alpha(c_0) = 1 - \dfrac{3c_0{}^2}{c_0{}^2 - Y_1^{\frac{1}{3}} - Y_2^{\frac{1}{3}}}$

观看效果：

$$t = \frac{-(\mu-1)\,m - \left[(\mu-1)^2 m^2 - 4\delta(\mu-1)\,m \cdot \alpha(c_0) \cdot p(c_0) \cdot e^{-p(c)}\right]^{\frac{1}{2}}}{2(\mu-1)\,m}$$

均衡结果体现了各种因素之间的相互制衡关系，对于博弈主体来说，这是一个重要的决策参考依据。

（二）供给曲线与垄断壁垒

在完全竞争市场中，供给曲线的形成是基于所有单个厂商面对既定市场价格时所决定的产量之和。在完全竞争条件下，每个厂商都是价格接受者，它们无法单独影响市场价格，只能根据市场上既定的价格调整自身的生产水平至利润最大化点。这个利润最大化的条件就是边际成本等于市场价格（由于 MR=P，在完全竞争中）。因此，每个厂商的供给量是在其边际成本等于市场价格时所对应的产量。将所有厂商在各自 MC=P 条件下的产量水平相加，就得到了整个市场的供给曲线。

而在垄断的情况下，情况发生了根本性的变化。垄断或寡头垄断的形成往往源于对关键资源的独占，而在数字版权产业中，这一关键资源便是版权。版权持有者通过各种合约安排，如独家授权、长周期合同等，取得了对特定内容的市场控制权，形成了市场势力。这种市场势力使版权持有者能够操纵供给，影响市场价格，从而获取超额利润。数字版权产业中的供应方（如大型数字平台或内容制作商）通过购买或独家授权方式获得大量版权资源，建立了市场进入壁垒，这意味着只有拥有版权的公司能够合法地生产和销售特定类型的数字内容产品。这使得它们在内容供应上形成了明显的市场优势。在独占条件下，垄断企业不再是价格接受者，而是价格制定者，它们可以根据市场需求来确定产品的售价，并且由于没有直接竞争对手，供应方可以借此控制边际收益曲线，通过限量供应或差异化定价策略来最大化其收益，并控制市场上该类型产品的供给数量。

在完全竞争的市场结构中，每个企业都是价格接受者，消费者剩余较大，因为众多竞争者使得价格贴近边际成本，使得消费者以较低的价格获取商品或服务，确保了资源的有效配置和社会福利的最大化。然而在数字版权产业的垄断或寡头垄断环境中，由于供应方市场力量强大，消费者剩余可能会减少，因为价格不再仅由边际成本决定，而是包含了市场地位带来的额外收益。

在数字版权产业的垄断环境中，由于版权资源的集中和市场壁垒的存在，供应方拥有市场势力，这导致边际收益曲线与边际成本曲线分离，市场出清可能并不发生在传统意义上的均衡点，即不在传统意义上的边际收益等于边际成本处实现。供应方通常能够设定高于边际成本的价格，并可能利用信息不对称的优势，通过版权捆绑、限定交易、差别定价等手段，滥用市场势力，抬高价格，压低消费者剩余。垄断企业的目标是最大化利润，这可能涉及对价格与产量之间的复杂权衡。通常情况下，垄断企业会减少供给量以维持高价，从而获得更大的利润。这样，相比于完全竞争市场中由所有厂商边际成本曲线之和所决定的供给量，垄断市场中的供给量会显著降低。供应方的边际收益并未与边际成本达到均衡，导致资源配置失当，消费者剩余减少，社会福利受损。

第二部分

法经济学视角下的反垄断

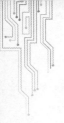

第四章 反垄断法与数字版权

一、反垄断法的基本原则

垄断与反垄断理论构成了现代产业组织理论和竞争政策的核心部分。这些理论从不同角度探讨了垄断市场的形成、维持、影响以及政府通过反垄断措施矫正市场失灵的必要性和手段。垄断是经济学中的一个经典议题。传统的垄断理论认为，垄断者通过控制产量和价格来获取超额利润，从而损害消费者利益和社会福利。而在数字版权产业中，垄断可能呈现出新的特点，如网络效应、锁定效应等。

（一）垄断的学术史梳理

垄断是指单一或少数卖方控制市场供应，使市场上没有有效的替代品或竞争者。这种情况可能导致市场失灵，即市场价格不再反映供求关系的真实情况，资源配置偏离帕累托最优状态，消费者剩余和社会总福利受损（Stigler，1968）。垄断力量可以通过自然垄断、专利保护、规模经济、网络效应、进入壁垒等多种方式形成。垄断现象及其对市场效率的影响一直是经济学界关注的核心议题。早在 1968 年，Stigler

就对垄断进行了深入剖析，指出当单一或少数卖方控制了市场的供应，市场上缺乏有效的替代品或竞争者时，市场机制可能出现失灵。垄断状态下，市场价格可能不再真实反映供需双方的力量对比，从而导致资源配置失效，偏离帕累托最优状态，即所有的经济主体都无法通过自愿交换而使自己的境况变好而不使其他任何人的境况变坏。这样一来，消费者剩余缩水，社会总福利受到损害。

垄断的形成机制多样，既有自然垄断的情况，即在某些行业，单一企业提供服务的成本远低于多个企业分散提供的成本（Baumol，1977），也有通过专利保护来合法取得对某项技术或产品的暂时垄断权（Arrow，1962）。此外，规模经济使得大型企业在产量扩大后单位成本降低，从而占据竞争优势，可能走向市场垄断（Chamberlin，1933）。网络效应也是现代数字经济中催生垄断的重要机制，即产品或服务的价值随使用者数量增加而呈非线性增长（Katz & Shapiro，1985），如在社交网络、操作系统和电子商务等领域。最后，高昂的进入壁垒——包括技术壁垒、资金壁垒、政策壁垒等——阻止了潜在竞争者进入市场，进一步巩固了垄断地位（Demsetz，1973）。

胡甲庆（2005）围绕反垄断的法律经济分析，阐释反垄断法的价值目标是经济效率，通过对比静态效率和动态效率，得出静态效率为反垄断法提供了一个理想的标准，而动态效率则解决了社会福利持续最大化的动力机制问题。在进行反垄断过程中，需要找到均衡点，综合考量各条关系链。同时，还要对资源配置效率与生产效率、交易效率进行比较分析，并运用补偿效率方法来确定企业行为对福利效应的影响。在分析结构主义和行为主义的局限性之后，得出有效竞争模式应成为反垄断法的规制模式，并重点指出在新经济中，创新动力与创新压力都非常重要。知识产权保护创新者，从而提供了创新激励，但是过分的保护则可能形成强势垄断，从而不利于创新，最终损害社会福利或消费者福利。于立（2010）梳理了反垄断经济学研究进展，指出应进一步深化和补充有关经营者集中与反垄断经济、反垄断执法机构之间的协调效率的研究。顾敏康（2011）强调经济学对竞争政策及竞争法制的重要意义。因此，需要在知识产权法与反垄断法之间寻求某种平衡。国外学者奥利弗·E. 威廉姆森（2014）以及 Richard S. Markovits（2014）等对反垄断经济学进行了专门研究。

综上所述，垄断的存在及其形成机制对市场竞争和资源配置产生了深远影响，经济学研究不断探索如何通过政策调控和制度改革来抑制垄断造成的负面影响，促进市场竞争和资源配置效率的提高。

（二）结构主义理论

20 世纪 30 年代至 60 年代，哈佛学派在经济学领域提出了结构主义反垄断理论，这一理论视角在当时对理解和规范市场竞争起到了决定性作用。哈佛学派的经济学家们，如爱德华·S. 巴恩斯（Edward S. Mason）和约瑟夫·贝恩（Joseph S. Bain）等，深入研究了市场结构如何影响市场行为和市场绩效，并主张通过直接政策干预手段调整和优化市场结构，以避免市场集中度过高导致的垄断或寡头垄断局面（Bain, 1956）。

其中，约瑟夫·贝恩（1956）在其著作 *Industrial Organization* 中

详细阐述了这一理论观点，强调市场结构的集中度对市场行为和市场效率有着根本性的影响。他认为，高度集中的市场结构容易滋生垄断力量，导致市场竞争不足，进而影响价格形成、创新动力和消费者福利。因此，政策制定者应当采取措施分解过大企业，鼓励市场竞争，以期实现更优的资源配置和社会效益。

哈佛学派的结构主义反垄断理论在这一时期对美国乃至全球的反垄断政策制定产生了深远影响，引导了对市场结构和企业合并的严格审查，并推动了旨在促进竞争的立法和监管框架的形成与发展。然而，随着时间推移和经济理论的演进，结构主义的观点受到了后来芝加哥学派等其他学派基于行为和效率导向的反垄断理论的挑战和补充（Demsetz，1973；Bork，1978）。

（三）效率主义理论

20 世纪 70 年代至 80 年代，经济学界经历了对反垄断政策范式的重要转变，其中芝加哥学派的影响力显著增强，并逐渐成为核心理论流派。该学派以效率主义为导向，对反垄断法的解释和执行进行了重新解读。与之前哈佛学派强调通过直接干预市场结构以促进竞争的做法相反，芝加哥学派主张在反垄断实践中不应仅依据市场集中度或结构来评判商业行为的合法性，而是应当关注具体交易和商业安排的实际经济效果，该观点以 Richard Posner（1979）为代表，其在著作和论文中明确提出，市场集中如果能带来诸如技术创新、生产成本降低或产品差异化等经济效益，即使市场集中度较高，也应该被反垄断法

接纳或容忍。这一理论视角强调市场竞争的本质是增进消费者福利和整体社会效率，而非单纯追求分散化或低集中度的市场结构。

芝加哥学派的这一立场对反垄断政策和判例法产生了深远的影响，它推动了对并购案和市场行为的审查标准从静态的市场结构分析转向动态的效率考量，强调了市场竞争政策应与实际经济表现相挂钩，而非固守过去的结构主义原则（Baker，1984）。这一转变在很大程度上改变了美国乃至全球范围内的反垄断实践和法律解释，使之更加注重市场竞争过程中的效率提升和消费者福利最大化。

（四）新兴理论与策略性行为

随着经济学理论研究的不断深入，特别是在 20 世纪 90 年代之后，学者们对市场竞争的理解不再局限于静态的市场结构和纯粹的市场集中度分析，转而更加重视企业的策略性行为对市场竞争的影响。这一转变标志着策略性反垄断经济学的兴起，该领域不仅关注传统的静态效率（如产出最大化、成本最小化等），而且开始探讨动态效率的维度，如创新激励、企业投资决策，以及企业间通过策略性行为进行的信号传递效应等（Spence，1973；Aghion & Tirole，1994）。

在这一领域中，Jean Tirole（1988）等学者的工作尤为突出。Tirole 在其著作中提出，企业间的策略性互动是影响市场竞争有效性的重要因素，通过引入博弈论工具来分析企业合谋、滥用市场支配地位，以及如何设计有效的反垄断政策以防止市场扭曲等问题。博弈论模型成功地捕捉了企业在复杂的市场竞争环境下做出决策的动态性和互动性，使得研究者能够更精确地模拟和预测企业在面临不同市场结构和监管环境时的战略选择（Kreps，Wilson，1982；Fudenberg，Tirole，1983）。

因此，策略性反垄断经济学的研究拓宽了反垄断法和竞争政策的理论视野，促进了对市场行为与竞争状态更为精细和全面的认识，同时也为政府和监管机构制定和执行反垄断政策提供了更具针对性和预见性的理论指导。这一发展趋势在维护和促进市场有效竞争、防止市场权力滥用以及保护消费者利益等方面具有重要意义。

（五）反垄断法的经济学基础

随着经济学理论在法学领域的渗透，反垄断法的制定与执行越来越依靠经济学原理作为决策依据。这一趋势在国际范围内得到了广泛体现，各国反垄断机构在处理并购审查、判定市场支配地位滥用，以及禁止不正当竞争等事务时，纷纷采用经济学模型来进行严谨的量化分析。例如，自20世纪80年代以来，美国司法部和联邦贸易委员会在处理并购案件时，开始采纳"结构—行为—绩效"框架，并随后发展出更精细化的经济学模型，如"谢勒—罗宾逊指数"和其他复杂的市场影响力评估工具。这些模型有助于精确测量合并后的市场集中度、潜在市场势力增强对竞争环境的冲击以及可能的社会福利损失。

在判定市场支配地位滥用时，欧洲竞争法采用了经济学概念，如相对市场份额、进入壁垒、价格成本比等（Whish，Bailey，2015），并引入经济学理论如掠夺性定价分析（OECD，1998）、拒绝交易的

效率标准（Tobias Kretschmer，2011）等，以确定行为是否实质性地限制了市场竞争。对于不公平竞争的禁止，各国反垄断机构也开始采用经济学理论来评估损害程度，如消费者剩余损失、生产力损失等，并且在考量这些损害的同时，还会分析企业行为对创新激励的影响。

综上所述，经济学原理在反垄断法实践中的应用日益深化，不仅丰富了法律判断的理论基础，也为反垄断执法提供了更加科学和量化的决策工具，有力推动了全球范围内竞争政策的现代化进程。

二、数字版权领域的反垄断挑战

近年来，随着数字经济的蓬勃发展，全球范围内的反垄断政策正面临深刻的反思与挑战。Evans 和 Schmalensee（2019）指出，平台经济的迅速崛起及其带来的新型垄断，如基于数据的网络效应和多边市场的独特性质，正对传统的反垄断理论和实践提出考验。传统的反垄断法在处理市场集中度、市场支配地位认定，以及滥用行为时，通常侧重于实体市场中的产品和服务竞争，但在数字经济环境下，这些概念和标准需要进一步细化和完善。例如，数据作为一种新型生产要素，其积累和利用带来的网络效应可以迅速改变市场结构，使某些企业迅速形成并保持市场优势（Véron，Wright，2018）。此外，数字平台市场的多边性特征，即平台同时连接着两个或多个用户群体，使得传统的单边市场分析工具在评估平台行为的市场竞争效应时显得捉襟见肘（Rysman，2009）。学者和政策制定者在面对这些挑战时，已经开始重新思考和构建反垄断经济学的理论框架。例如，学者们提出应关注动态竞争、创新激励以及消费者福利的长期影响（Shapiro，Varian，1998），并倡导对市场界定、市场势力评估以及相关市场行为的审查应更多地融入对技术特性、数据驱动模式和网络外部性的考量（Van der Sloot，Marsden，2020）。在界定相关市场时，可以就用户的注意力进行详细分析，把参与注意力竞争的平台放到一个相关市场（Evans，2013）。

总结而言，垄断与反垄断经济学理论是一个持续演进的过程，随着市场条件的变化和理论认识的深化，相关法律与政策也在不断调整，旨在维护市场公平竞争秩序，促进社会整体经济效率与消费者福利。面对数字经济带来的新挑战，反垄断政策和经济学理论正处于一个不断演化和创新的过程，以期在维持市场有效竞争与促进技术创新之间找到新的平衡点，并为未来的反垄断执法和立法提供更加科学和前瞻性的指引。

知识产权天然形成一种"垄断"，通过排他性授权保护知识产权人的合法权益，知识产权本身并不构成反垄断法意义上的垄断。然而，知识产权的滥用却可能触及反垄断的规制范围，知识产权从使用、滥用到排除和限制竞争之间有一个递进的程度，滥用不一定构成垄断，但滥用达到一定程度，产生了排除和限制竞争的效果，则构成垄断，受到反垄断法的规制。关于知识产权保护制度与反垄断法的关系，二者的立法目的不同，知识产权法立足于保护创新，维护权利人的权益，而反垄断法立足于保护竞争，维护公平有序的市场秩序，知识产权是一种"权利"，一旦被滥用达到排除和限制竞争的程度，就会演化为

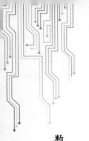
一种"特权"而应当被反垄断法所制约。

　　随着信息技术革命的推进和数字经济的蓬勃发展，数字版权领域的反垄断问题日益凸显，数字版权产业反垄断经济学研究聚焦于数字内容分发、许可机制、平台市场结构及其对市场竞争的影响，以及在此背景下如何有效实施反垄断政策。

　　关于数字网络环境下的反垄断问题，近年来国内外有较多研究，特别是针对平台垄断，有较为丰富的研究成果。而关于数字内容平台的垄断经济学，以及数字版权的反垄断经济学研究，目前研究尚属空白。马祥祐（2002）梳理美国反垄断法并分析微软反垄断案件的来龙去脉，归纳出微软垄断案在产业经济学方面的启示。张小强（2006）提出网络环境下反垄断法的优化设计，指出需要从经济效率方面考量，经济效率是静态和动态效率的结合体，也是交易成本与交易所得的权衡结果。蒋潇君（2014）就互联网企业滥用市场支配地位的现象进行深入分析，指出在特定环境和特定条件下，通过市场界定的传统理论，可直接认定企业在市场中是不是支配者，在数字环境中判定滥用行为时应探求互联网企业常见行为背后的成因、影响以及表现行为。判定行为是否合理，需要从成本、效率、社会福利等多个方面进行。李勇坚（2021）就互联网平台数据垄断进行深入分析，论证数据要素在垄断形成中的作用机理。

　　基于对国内外文献的检索和研究分析，尽管有研究针对数字版权保护进行分析，也有关于版权经济学、版权与垄断关系、垄断经济学、数字网络环境中平台垄断经济学的研究，但关于数字版权与垄断的关系研究较为局限，仅限于对数字音乐产业独家垄断的一些探讨，关于数字版权产业反垄断的经济学研究尚属空白。

反垄断经济学理论在数字版权领域的应用主要体现在对市场结构、企业行为以及市场竞争状态的评估与规制上。随着互联网技术和数字经济的发展，数字版权市场的特殊性为反垄断经济学带来了新的研究课题和挑战。

（一）市场集中度分析

在经济学和管理学研究领域，市场集中度被视为评估行业内部竞争状况的关键指标，学者们运用多种量化工具对不同市场的结构特征进行深入剖析。其中，Herfindahl–Hirschman Index（HHI）和市场集中率（CRn）是最常用的两种衡量市场集中度的方法。HHI 指数通过计算行业内各个企业市场份额的平方和来反映市场集中度的高低，数值越大表明市场集中度越高，反之则表明市场竞争较为分散（Bulow et al., 1985）。而 CRn 则重点关注市场上最大的 n 家企业的市场份额总和，尤其是 CR4 和 CR8 常用来描绘市场集中度概况（Jovanovic, 1982）。

在数字版权市场的具体研究中，Lian 和 Li（2021）就采用了这类指标对数字版权行业的竞争态势进行了细致分析，揭示了市场集中度与行业创新能力、产品多样性以及消费者福利之间的内在联系。

聚焦音乐流媒体行业，Qiu 等人（2020）以中国市场的腾讯音乐集团为例，对其通过签订大量独家版权协议形成的市场主导地位进行了考察。研究表明，腾讯音乐的市场集中度上升引发了业界和学术界的广泛关注，其可能导致市场竞争减弱、创新活力受限以及消费者选择权受损等问题。这一现象反映了在数字版权市场中，合理的版权资源配置和市场竞争政策对于维持行业健康发展至关重要。

综上所述，学者们通过 HHI 指数、CRn 等工具，对数字版权市场的集中度进行了深入研究，揭示了高市场集中度对行业竞争结构与市场绩效的影响，并通过对现实案例的剖析，为相关政策制定提供了理论支持和实证依据。

（二）滥用市场支配地位

滥用市场支配地位是反垄断法的核心议题之一，它聚焦于企业在取得市场支配地位后可能采取的一系列损害市场竞争的行为。经济学家和法学专家长期以来一直探讨此类行为对企业间公平竞争环境的影响以及对消费者权益的危害。Khan（2017）指出，反垄断法严格审查具有市场支配地位的企业是否借助诸如排他性许可、捆绑销售、低于成本定价或其他不正当手段，达到排除、限制竞争的目的。

国际上的实践案例显示，欧盟委员会对谷歌公司的反垄断调查颇具代表性。其行动涉及谷歌如何利用其搜索引擎的市场主导地位，推广自身的比较购物服务以及其他业务，此举被认为构成了滥用市场支配地位的行为，违反了欧盟的竞争规则。我国学者中，杨洪涛（2016）的研究和讨论强调了中国市场中可能存在的滥用市场支配地位现象。随着互联网技术的发展，一些大型数字平台在版权资源获取与分发过程中逐渐形成了显著的市场优势，这引发了对它们是否利用此优势实施排除或限制竞争行为的关注。尤其在独家授权、关联销售等操作中，如何判定这些做法是否超越了合法的商业策略边界，成为亟待解决的法律和经济问题。

总的来说，无论是国际还是国内，对滥用市场支配地位行为的法律规制和实践案例研究都在不断深化，旨在维护健康的市场竞争秩序，促进数字经济和其他产业的可持续发展。

（三）平台经济与双边市场特性

数字版权市场由于其独特的商业模式，常常体现出典型的双边市场特征，这一观点得到经济学界的广泛认同。在这样的市场中，平台企业扮演了至关重要的中介角色，连接并服务于版权内容的生产者和消费者两个独立的用户群体（Rochet，Tirole，2003；Rochet，Tirole，2006）。这种双边市场的运行机制复杂，网络效应尤为显著，意味着一方用户的数量和活动对另一方的价值有着直接影响，从而产生强烈的正反馈循环，有助于形成市场进入壁垒（Caillaud，Jullien，2003）。Evans 和 Schmalensee（2016）在研究中深入探讨了数字版权市场的双边特性对反垄断经济学的影响。他们指出，平台型企业通过聚合版权内容吸引消费者，同时消费者的集聚又进一步提升了平台对版权内容提供者的吸引力，形成了一种自我强化的市场结构。在这种情况下，反垄断监管面临的挑战在于如何恰当地评估和处理平台可能利用市场支配地位实施的排他性行为，如独家版权购买策略，以及复杂的定价策略，这些策略可能抑制市场竞争、损害消费者福利和减弱

社会创新活力。

此外，双边市场的特性还体现在定价决策的复杂性上，平台企业需要综合考虑对两方用户的收费结构，以实现整体市场的稳定和最大化价值创造（Armstrong，2006）。鉴于此，反垄断政策制定者和经济学研究者在分析数字版权市场的竞争问题时，必须将双边市场网络效应纳入考量范畴，以确保市场效率和公平竞争的原则得以有效贯彻。

（四）技术创新与动态竞争

随着全球经济向数字化转型的加速推进，技术创新和市场竞争形态发生了深刻的变化。传统的静态效率观念，即以市场份额和短期市场集中度作为衡量竞争效果的主要指标，面临着来自快速技术创新和动态竞争环境的重大挑战（Tirole，1988）。在数字化环境中，技术创新的速度加快，技术生命周期缩短，市场领先者的地位不再是永恒不变的，反而可能因为未能及时跟上技术更新的步伐而丧失竞争优势（Arthur，2009）。Shapiro（2011）在研究中指出，反垄断经济学在评价市场集中与长期创新能力之间的关系时，必须引入动态竞争理论。他认为，尽管短期内某些企业的市场集中可能导致较高的经济效益，但从长远来看，过于集中的市场结构可能抑制创新动力，阻碍新进企业和现有企业之间的良性竞争，从而影响整个行业乃至经济社会的长期创新能力和总体效率。此外，学者如 Farrell 和 Shapiro（2001）强调了在快速迭代的数字技术行业中，先行者的先发优势和规模经济并不必然导致市场封锁，反而可能通过促进研发投入和技术创新激励更激烈的市场竞争。他们提倡反垄断执法和政策制定应当注重市场进出壁垒的灵活性、创新激励的保护以及消费者福利的长期动态考量。

综上所述，技术创新与动态竞争理论相结合的视角已成为理解现代市场竞争格局和反垄断政策制定的重要基础，尤其是在数字化环境中，这一理论框架有助于更好地把握市场集中度与创新能力之间的动态平衡，以及如何通过合理的政策干预来维护和促进有效竞争与创新的持续发展。

（五）局限性分析

1. 法规滞后于技术发展

随着数字版权市场的高速发展，现有反垄断法规的滞后性日益凸显，无法完全适应新兴商业模式和技术手段所带来的挑战（Werden，Froeb，2016）。反垄断法的传统框架往往基于实体商品和服务市场的运作规律。而在数字时代，特别是随着大数据、云计算和人工智能等技术的飞跃式进步，数字经济表现出与传统市场截然不同的属性和特征。

Werden 和 Froeb（2016）在研究中指出，现行反垄断法规在处理数字版权市场中的诸多问题时可能存在局限性，如市场定义、市场力量的衡量、竞争效应的评估等方面，均可能因法规未能及时捕捉到技术进步对市场结构和竞争格局的重塑而变得捉襟见肘。Zhang 等人（2020）进一步聚焦于数据作为一种新型生产要素在数字版权市场中

的角色及其对反垄断法的影响。他们强调，数据的收集、整合、分析和利用已经成为众多数字平台企业构建竞争优势的关键，但在反垄断案件中，如何准确界定和量化数据的价值以及其对市场竞争的影响仍然存在法律空白。这不仅仅局限于数据本身，还涉及数据驱动的商业模式、数据相关的市场准入障碍以及数据引发的市场集中度提升等多个维度。

随着技术的飞速发展，反垄断法如何与时俱进，以适应数字版权市场的复杂性与动态性，已成为法学界、经济学界以及政策制定者亟待解决的重大课题。在此背景下，理论研究与实践探索共同推动着反垄断法规和政策框架的革新与重构，以期在维护市场公平竞争、保护消费者权益和激发创新活力之间寻找到新的平衡点。

2. 相关市场界定困难

在数字版权行业的反垄断分析与政策制定中，相关市场界定是一项核心而又充满挑战的任务。Rysman（2009）指出，在数字版权领域，由于产品高度的替代性和交叉网络外部性特征，相关市场的界限往往难以清晰划定。随着技术的进步和商业模式的创新，数字内容产品和服务的跨界融合愈发明显，传统市场细分的标准在这一领域似乎并不适用。例如，在线音乐平台与短视频平台之间的互动关系体现了这一点。用户可以在一个平台上享受音乐播放服务，同时在另一个平台上通过短视频的形式接触到同一首歌曲，这种用户行为的相互渗透（用户既可以是音乐消费者也可以是短视频内容创作者和消费者）使得相关市场的划分更加复杂（黄丽珍等，2022）。因此，传统的以产品功能、价格等因素来界定市场的做法需要重新审视，需引入诸如用户黏性、平台间的互补性与互斥性等多元因素进行综合评估。

随着数字版权市场的演变，相关市场的界定难度日益增大，需要不断调整和改进原有的市场分析框架，以便更准确地识别出那些真正影响市场竞争状态的紧密替代品和潜在竞争者，从而确保反垄断法规的有效实施和市场竞争秩序的维护（Nieborg，Poell，2020）。这对于政策制定者和反垄断执法机构而言，既是挑战也是机遇，需要他们紧跟技术发展步伐，结合最新的经济理论与实证研究，对数字版权市场进行与时俱进的解析与规制。

3.算法共谋与价格歧视

随着数字技术的快速发展，算法在电子商务和数字版权市场中的应用越来越广泛，个性化推荐系统和动态定价算法已成为许多企业运营的核心工具。然而，这也引发了一系列新型竞争问题，其中包括算法共谋和隐性价格歧视等现象（Varian，2017）。

算法共谋，即在没有明确合意的情况下，企业通过算法实现价格同步或者间接协调行为，可能导致市场竞争的实质性减少（Conitzer et al.，2017）。由于算法能够实时采集和分析大量市场数据，企业在设置价格时可能无意中模仿竞争对手，造成价格趋同，从而引发反垄断担忧。另外，个性化推荐算法和动态定价技术可能导致隐性价格歧视，即企业基于消费者的个人信息、购买习惯等数据，为不同用户提供差异化的价格，虽然表面上看是个性化服务，但实际上可能侵犯了消费者权益，并可能加剧市场分割和不公平竞争（Cohen，2019）。

然而，现有的反垄断法规和法律框架大多建立在传统的市场行为和企业决策过程之上，对于数字环境下的算法共谋和价格歧视问题，尚未形成完善的应对机制和法律依据（Calvano，Crandall，2018）。因此，学术界和政策制定者正积极探讨如何适应新技术背景下的市场竞争环境，更新和拓展反垄断法的适用范围，以确保市场公平竞争，保护消费者权益不受侵害。算法在数字环境中的广泛应用对反垄断法规提出了新的挑战，必须对现有的法律框架进行改革与创新，以有效地识别和规制算法共谋和价格歧视等新型竞争问题。

4. 公共利益与私人权益平衡难题

在知识产权法领域，尤其是版权法中，如何在保护创作者的私人权益与保障公众获取信息的权利之间达成适当的平衡，一直是学术界与政策制定者热议的焦点问题。Landes 和 Posner（2003）在研究中指出，版权制度的核心目标在于通过授予创作者一定时期的独占权，以激励创新和文化表达。然而，过度的版权保护有可能限制知识与信息的流通，从而损害公众获取信息和参与文化生活的权利，甚至抑制社会的整体知识进步。随着互联网的普及与发展，这一平衡难题愈发突出。Lessig（1999）在其著作中强调，在网络环境下，传统版权法的部分原则可能不再适应当今社会的需求。网络技术使得信息传播的速度与广度大幅增加，而版权的过度保护可能导致知识共享受限，影响公众的利益。因此，有必要重新审视和调整版权法的具体条款，以适应数字化时代的特性和挑战，既要维护创作者的经济利益，也要促进信息的自由流动和公众的知情权，从而兼顾社会整体福利与个体创新激励。

实际上，这一讨论促使了许多国家和地区的版权立法改革，以及出现了诸如"合理使用"原则的扩展、"知识共享"许可协议的推广等举措，这些都是尝试在公共利益与私人权益之间搭建桥梁，寻求一种更符合数字时代需求的版权保护框架（Bridy，2012）。这一领域的研究和实践将持续探索，以期在法律层面实现更为均衡且可持续的版权保护与公众权益保障。未来的研究需要进一步探讨如何在尊重知识产权的同时，确保市场竞争机制的有效运行，以促进数字经济健康有序发展。

三、数字版权领域反垄断的必要性

（一）对市场竞争与创新活力的损害

数字版权产业垄断的现象给市场竞争、创作者权益、内容多样性等方面带来了一系列问题，对市场竞争和创新产生了多方面的负面影响，包括限制市场竞争、阻碍创新、损害消费者权益、降低市场效率、抑制创新动力以及对社会经济福利的负面影响等。

1. 限制市场竞争与抑制新进企业

垄断企业通过大规模收购版权资源，使得新企业难以获得必需的内容资源，从而提高了市场准入门槛。头部企业凭借对版权资源的高度掌控，使得创作者在作品发布与流通环节受到大型平台规定的严格限制，例如游戏开发者因版权垄断而在各平台间无法实现公平竞争。中小型企业、独立创作者由于不具备与之匹敌的市场实力，面临创作、分发和推广的多重困境，丧失了与巨头企业平等竞争的机会，其权益也因此受到版权垄断的削弱。例如，大型数字音乐平台通过与唱片公司签订独家版权协议，使得新兴音乐平台无法获得热门音乐作品的版权，限制了它们的发展空间。例如，Spotify 与环球音乐、索尼音乐、华纳音乐三大唱片公司签署的多年独家版权协议，导致其他新兴流媒体平台难以获取同等质量的音乐版权库。

由于垄断企业在市场上的主导地位，它们更容易获取主流关注，而其他创作者可能难以在竞争激烈的市场中脱颖而出。面对市场主导者的强大地位，新兴创作者的积极性可能下降，因为其可能感到很难在市场上取得成功，进而影响数字版权产业的创造力和多样性。中小企业和独立创作者可能面临被边缘化的风险。在版权交易谈判中，由于双方议价地位差距较大，新兴创作者常常被迫接受较低的分成比例和严苛的合同条款，严重影响了其创作的积极性和经济效益。

2. 损害消费者权益与选择

数字版权垄断可能导致消费者只能在特定平台获取所需内容，丧失了在不同平台之间自由选择的权利，且可能被迫接受垄断企业设定的较高价格。例如，某些数字图书平台垄断了大量版权，消费者只能在该平台购买特定书籍，失去了比价和挑选的权利。较为典型的是亚马逊 Kindle Store 曾因与多家出版社签订独家电子书协议，使得消费者只能在其平台购买这些电子书，影响了消费者的多元选择。

垄断企业如果没有市场竞争压力，其改进服务质量的动力可能不足，如网络平台上的用户体验、客户服务等可能不尽如人意，而消费者却别无其他更优质的服务提供商选择。服务质量下降是垄断企业缺乏竞争压力下的一个显著问题。在完全竞争的市场环境中，各家企业为了争取市场份额和消费者忠诚度，通常会努力提高服务质量和客户满意度，包括但不限于提供优质的用户体验、及时有效的客户服务以及不断优化产品功能等。如果服务质量不达标，消费者可以轻易转向竞争对手那里寻求更好的服务。然而，在垄断或接近垄断的市场条件下，由于没有直接的竞争者威胁其地位，垄断企业对提升服务质量的动力可能大打折扣。在竞争激烈的市场上，企业通过提供优质服务来建立品牌声誉、获取更多好评和推荐，进而扩大市场份额。但在垄断市场下，这样的正面反馈循环往往不存在，企业因此缺乏持续改进服务质量的内在动力。

3. 抑制内容创新与市场活力

垄断企业在数字版权领域的绝对控制力对内容创新和多样性产生了深远且负面的影响。垄断企业凭借市场主导地位，易倾向于推广已证实成功的相似内容，而对新颖、创新型内容的投入和支持不足，从而拖慢了数字版权产业整体的创新节奏，抑制了新兴创作者的独特表达。长期的版权垄断不仅削弱了市场竞争活力和创新能力，还导致新的创作团队、艺术家和小型企业由于版权成本过高或受到独家协议的约束，市场进入门槛变高，创作机会和收入均受到限制，难以参与市场竞争，进而无法向消费者提供多样化、高质量的内容服务。数字平台推荐算法常优先展示热门和高点击率内容，使得新兴创作者的作品曝光率低、触及面窄，无法有效地传达给广大用户，从而加剧了市场内容的同质化现象，削减了数字版权产业对于文化生态多样性的贡献。垄断状态下，少数版权所有者掌握关键资源，新进企业和创作者获取必要版权困难重重，创新活动受到极大束缚，无法形成百花齐放的繁荣景象。这妨碍了产业的良性循环和文化多样性的发展，不利于社会经济福利的提升。

以 Epic Games 起诉苹果公司案件为例，苹果公司通过严密控制 App Store 的游戏应用内购系统，对开发者强加抽成限制，引发了业界对创新环境和市场竞争的关注。这一实例生动展现了垄断企业如何通过主导数字平台，在曝光和推荐机制上对新兴创作者和新颖内容形成不利影响。总体而言，垄断企业对数字版权的操控不仅限制了内容创新，还造成了市场内容的单一性增强，对数字版权产业内文化和思想的多元化发展构成了实质性的威胁。

4. 技术锁定与数据安全

数字版权垄断可能伴随特定格式或技术标准的推广，形成技术锁定，同时，垄断企业可能在处理和使用用户数据过程中侵犯用户隐私。在数据处理方面，大型科技公司如 Facebook 因数据泄露和隐私保护问题多次受到批评和监管调查。

（二）社会公平与经济效益受损的分析

从社会角度看，垄断可能导致资源分配不公平，进一步加剧社会经济差距。此外，当价格不再反映边际成本时，会导致资源的配置偏离帕累托最优状态，造成整体的社会福利损失。

1. 社会经济差距扩大

在垄断情况下，拥有关键版权内容的企业或个人可以通过控制市场准入来获取超额利润。由于市场竞争不充分，这些企业或个人能够设定高于边际成本的价格，从而将原本可以更广泛分配到社会各阶层的利益集中到少数版权持有者手中。这不仅会加剧社会财富分配的不均衡，还可能导致部分消费者因为无法承受高昂的价格而被剥夺接触和使用高质量文化产品的机会，进而加大了社会经济差距。当垄断企业持续获得高额利润时，尤其是当这些利润并未通过再投资等方式促进整个行业的技术进步和社会创新时，社会内部的贫富差距可能会进一步拉大。一方面，垄断企业的员工、股东以及关联利益方可能享受到远超一般行业水平的收入；另一方面，普通消费者和潜在的市场进入者则面临着较高的消费成本和壁垒，不利于社会的整体和谐发展。

2. 偏离帕累托最优状态

在经济学理论中，帕累托最优是指资源配置的一种理想状态，在这种状态下，任何改变都不可能使至少一个人的状况变好而不使其他人的状况变坏。然而，垄断条件下，价格不再反映真实的边际成本，这意味着资源未能按照最优方式进行配置。垄断企业可能利用其市场优势地位设定较高的价格，但消费者却不能从支付的价格中获得相应水平的服务质量，从而造成消费者利益受损。同时，资源集中在少数企业手中可能导致版权费用过高，使得下游企业和服务的成本增加，转嫁给消费者。例如，电影和电视剧版权费用飙升，部分原因是少数几家流媒体平台争相抢夺优质内容，导致版权价格居高不下，进而影响了整个视频流媒体服务的定价。

当版权成为市场壁垒时，资源不再按照帕累托最优状态分配，导致资源错配，社会整体经济效益受到影响。例如，一些有价值的内容因版权成本过高而无法被充分开发和传播，这不仅影响了公平交易，从长远来看也削弱了市场健康发展的潜力，不利于整个行业的发展和社会财富的最大化。此外，垄断企业因为无须担心被市场淘汰，可能会减少对新技术的研发投入和现有技术的迭代升级，这将导致其提供的产品或服务在技术层面逐渐落后于市场需求，无法满足消费者对于新颖、高效、便捷的服务需求。

3. 文化多样性减少

在数字版权产业中，垄断性的版权格局可能对新兴创作者和新颖内容的发展产生制约。垄断可能会阻碍文化的多样性和丰富性，因为非垄断方难以参与创作和改编，公众接触多元文化和观点的机会受限。垄断企业主导了大部分数字内容，中小企业和独立创作者的文化多样性可能受到威胁。这可能导致市场上的内容呈现出较为单一的风格和主题，削弱了数字版权产业对于文化多元性的贡献。垄断企业的主导地位可能导致市场上的内容同质性增加。这些企业主要推动市场上已经成功的内容，市场上的新内容可能较难突破，使得用户接触到的内容较为单一，缺乏多样性。由于垄断企业更倾向于支持已有的热门作品，对于新兴创作者和新颖内容的投资和推广相对较少。这导致了市场上的创新动力不足，新兴创作者难以脱颖而出，内容的多样性受到挑战。此外，对于教育机构和研究组织而言，高昂的版权费用可能导致他们无法合法获取必要的教学和研究资料，进而影响知识的传播和科技创新。

综上所述，垄断带来的社会公平问题和效率损失体现在资源分配失衡、社会经济差距扩大、资源配置偏离最优状态及竞争与创新受阻等多个层面，这些问题最终会导致整体社会福利的降低。同时，垄断可能引发国际的贸易摩擦和知识产权争端，尤其是在全球化的背景下，跨国版权流转和许可方面的冲突可能升级，影响国际合作与交流。数字版权产业垄断对数字经济的长远发展以及社会公共利益有着显著的负面影响，需要政府、业界和相关国际组织共同探索更加平衡、公正和可持续的版权保护与利用模式，既鼓励创新和投资，又能保障广大消费者和创作者的利益，促进数字经济健康和谐发展。合理的版权保护政策应兼顾创作者权益、市场需求以及社会公平与效率之间的平衡，以实现可持续的经济发展和文化繁荣。

（三）消费者权益受损的表现与案例

消费者剩余是指消费者为获取某种商品或服务愿意支付的价格与

其实际支付价格之间的差额。在数字版权中，当企业通过独家授权等垄断手段限制了内容流通时，可能会抬高市场价格，导致消费者需支付更高的费用以获得相同的内容。价格效应在数字版权垄断企业中的表现尤为显著，这是因为当一个企业在某一领域内拥有关键的、排他性的版权资源时，它就享有了市场上的独占地位或近乎独占的地位。这种情况下，由于缺乏直接竞争对手提供的替代产品或服务，数字版权垄断企业不再受到市场上其他厂商竞争性定价的压力，从而能够自由设定高于竞争市场条件下的价格。

数字版权产业垄断损害消费者福利。实践中，Netflix、Amazon Prime Video、Disney+、HBO Max 等流媒体服务平台，往往通过高价竞购热门影视作品的独家播放权来吸引用户订阅其平台服务。比如，某个备受期待的系列剧集或者大片只在 Disney+ 上发布，消费者如果想观看这部作品，就不得不支付 Disney+ 的会员费用，即使他们对平台上的其他内容并不感兴趣。这就意味着消费者为享受单一作品而被迫承担了超出作品本身价值的成本，消费者的福利因此受到损失。

音乐行业也出现独家版权问题。有时，某些热门歌曲或专辑可能仅由某一音乐流媒体平台独家提供，使得想要聆听这些音乐的消费者只能选择注册并付费给该特定平台。这种做法限制了消费者自由选择服务提供商的权利，增加了他们的消费负担，并且剥夺了他们在不同平台间比较价格和服务质量的机会。音乐行业中，如果一家唱片公司独家拥有大量热门歌手或乐队的作品版权，消费者若想合法地获取这些作品，除了从该唱片公司购买或订阅其提供的服务外，没有其他选择。在这种情况下，唱片公司可能会提高数字专辑的价格或音乐流媒体服务的订阅费用，消费者为了获得喜爱的音乐内容不得不接受这一价位。因此，垄断行为会降低消费者的剩余价值。

电影行业中，好莱坞大型制片厂或者流媒体服务平台如果通过版权收购或原创制作获得了大量的优质影视内容，它们便可以控制这些内容的分发和观看渠道。消费者想要看到最新的大片或热门电视剧，只能通过特定平台付费点播或订阅服务，这就使得平台可以通过调整价格策略来最大化利润，而消费者则失去了通过市场竞争带来的价格优惠。

软件行业中，某些关键技术软件如操作系统、专业设计软件等，由于技术壁垒高且专利保护严格，往往由少数几家大公司垄断。这些公司在全球范围内享有对特定软件产品的独家销售权，因此可以根据市场需求和客户锁定程度来设定高价，用户即使面临高昂的购买成本，也可能因工作或业务需要而不得不支付。

此外，垄断还可能导致图书出版业、游戏开发等行业出现类似问题。例如，一款畅销电子书可能只在一个电子阅读器平台上有售，某热门网络游戏只能在特定的游戏分发平台上购买和下载，这都让潜在消费者面临非自愿的选择困境，从而间接导致消费者权益受损。

总之，在垄断的情境下，市场价格不再是纯粹供求关系的反映，而是更多地体现了垄断企业的议价能力。这不仅会导致消费者为获取相同的产品和服务付出更高的代价，而且会降低社会整体的消费福利水平，抑制市场的有效竞争与创新活力。

第五章　垄断行为的法经济学分析

一、排他性许可与市场封锁

　　排他性许可作为一种常见的商业策略，正悄然塑造着数字市场的竞争格局。排他性许可，即权利人授予某一方在特定地域或时间段内独占使用版权作品的权利，看似是一种常规的版权授权方式，实则蕴含着深远的市场影响。当这种许可被广泛应用于数字版权领域，尤其是当大型平台企业利用其市场地位，通过排他性许可协议锁定关键内容资源时，便有可能演变为市场封锁的工具，严重限制了市场竞争，损害了消费者利益。

（一）版权排他性许可形成垄断的机制

　　版权排他性许可造成的垄断是指某一企业或个人获得了对某种特定版权作品或某一类型作品的唯一使用权和分销权，其他任何企业和个人在未经许可的情况下都无法使用或分销这些作品。这种垄断通常是通过签订独家授权协议实现的，独占性垄断的对象往往是单个或几个具有高价值和独特性的版权作品。独占性协议的缔结是形成版权独占性垄断的关键手段，常见于高价值、独特性较强的版权作品，如知名作家的全部作品、热门歌手的音乐作品等。通过签订独占性协议，企业能够在特定版权市场内排除其他竞争者，建立市场壁垒，并有可能在特定作品或内容类型领域形成垄断地位。例如，音乐流媒体平台通过与唱片公司或艺术家签订独家版权协议，从而成为特定音乐作品的唯一合法在线播放平台；数字阅读平台通过汇聚大量网络小说和出版书籍的电子版权，占据数字阅读市场主导地位；视频流媒体服务提供商通过与影视制作团队签订独占性协议，确保某些热门剧集只能在其平台播放，增强平台自身品牌影响力和市场份额。

版权排他性许可是版权所有者将版权作品的独家使用权授予某个市场参与者，导致其他竞争者无法获取和利用这些作品。在数字内容分发和服务领域，过多的长期独占许可可能导致市场进入壁垒增高，实质性地分割市场并形成垄断。例如，某在线音乐平台与某知名歌手或音乐制作公司签署独家版权协议，使得该平台成为唯一能合法提供这些音乐作品的平台，从而在一定程度上垄断了这部分音乐市场的分发和服务。

1. 市场进入壁垒与垄断地位

独占性协议能帮助企业在特定领域建立市场壁垒，形成垄断地位。例如，Netflix 通过与知名剧集《纸牌屋》制作团队签订独占性协议，保证该剧集只能在其平台上播放，极大地提升了 Netflix 的品牌影响力和用户订阅量，强化了 Netflix 在流媒体服务市场的领先地位。

2. 内容控制与差异化竞争

独占性协议使得企业能够控制市场上热门或优质的数字内容，以此作为差异化竞争的核心武器。例如，Apple Music 通过与 Dr. Dre 创立的 Beats Electronics 合作，并随后收购该公司，借此取得了与诸多艺人签订独家协议的机会，拥有了众多独家音乐内容，与其他音乐流媒体服务区别开来。

3. 议价优势与成本优化

通过签订独占性协议，企业在版权采购和内容制作环节拥有更强的议价能力。例如，亚马逊 Prime Video 在原创内容制作方面与顶级制作团队签署独家合作，可以优先投资、制作并播出相关作品，这种情况下，亚马逊能够在版权交易和内容生产过程中争取到更优惠的条件。

4. 品牌与内容绑定

独占性协议有助于企业建立与其独家内容之间的紧密品牌联系。例如，Disney+ 凭借与漫威影业、卢卡斯影业和皮克斯动画工作室等旗下公司的深度绑定，独家上线了一系列电影和电视剧，形成强大的粉丝吸引力，使得消费者与迪士尼品牌及其独家内容建立了牢固的认知链接。

综上所述，独占性协议在数字版权产业中的应用深刻地塑造了市场竞争格局，对内容的创造、分发、消费以及产业创新和多样性都产生了实质性影响。在实践中，各国政府和监管部门也在密切关注此类协议是否会对市场竞争产生不利影响，并采取相应措施平衡版权保护与市场竞争之间的关系。

（二）版权排他性许可形成垄断的表现

独占性协议有助于企业掌控优质内容，实现差异化竞争，提升品牌认知度，并在版权采购和内容制作阶段增强议价能力。然而，独占性协议也可能带来负面效应，如增加市场进入门槛、降低内容创新和多样性，特别是对小型独立制片公司及创作者造成挑战，因为它们往往难以与财力雄厚的大企业抗衡，从而限制了其作品的传播和市场的健康发展。

同时，创新与内容多样性受到影响。独占性协议可能导致市场上其他竞争者无法获得同等品质的内容资源，进而影响内容创新和多样性的发展。例如，某些小型独立制片公司在面对大型平台的独占性协议时，可能由于资金实力较弱，很难与之竞争，其作品的曝光机会减少，不利于整个内容生态系统的多元化发展。

独占性协议在数字版权产业中的广泛应用重塑了市场竞争格局，对内容的创作、分发、消费以及产业的创新和多样性均产生了显著影响。鉴于此，各国政府和监管部门正密切关注此类协议对市场竞争的潜在负面影响，并采取措施寻求版权保护与市场竞争之间的平衡。

市场封锁导致的垄断是指企业在特定版权行业内，通过一系列包括大规模采购、独家授权、并购整合等在内的方式，系统性地集中并控制大量同类型版权资源（如音乐、影视、图书等），达到涵盖该细分市场内绝大多数核心作品或占据较大市场份额的地步，进而有效地控制该市场，限制其他竞争者的进入及开展有效竞争活动，形成对该类市场的深度垄断。此类垄断的特征不在于孤立的个别作品，而在于企业通过持有大量版权资产库，严重削弱其他竞争对手在该市场中的竞争能力。版权资源的获取与整合策略主要表现为以下几个维度。

1. 多元化内容聚合

数字平台通过大规模版权收购活动，囊括音乐、影视、游戏、文学等多种数字内容版权，实现对特定内容类型的近乎垄断，并通过独占或优势合约条款实现版权资源的全面覆盖。

2. 广泛合作与联盟构筑

平台积极与各类创作者、制片公司、发行商等多方主体建立战略合作伙伴关系，以确保对多样内容版权的持续获取和控制权。

3. 跨领域的内容创新与服务集成

内容生产与推广的跨界融合，即平台整合多种内容形式，打造一体化的服务体验，增强用户黏性与活跃度。

垄断性数字内容分发，即平台凭借丰富的版权内容库，在数字内容分发领域确立垄断地位，提高市场准入门槛，成为用户首选的数字内容发布渠道。

4. 先进技术应用与用户行为洞察

平台运用先进的数据分析技术和个性化推荐算法，深刻理解用户需求，精准推送符合用户喜好的个性化内容，优化用户体验，进一步稳固市场地位。

5. 生态体系与商业模式创新

构建全维度数字内容生态系统，平台提供丰富多样的内容，营造全方位的数字内容生态系统，满足用户不同领域的需求，提升用户互动度与品牌忠诚度。

确立综合性盈利模式，依托丰富的内容资源，平台采用订阅服务、广告收入、虚拟商品交易等多种商业变现途径，实现对多元内容的有效商业化运营，增强平台自身的财务实力和版权运营效能。

6. 行业标准与规则制定

鉴于在多类型内容版权方面的优势地位，平台成为行业标准的制定者和商业模式的领导者，引导其他企业跟随其步伐，进一步加固在数字版权产业中的领导地位。

综上所述，数字版权市场封锁导致的垄断现象主要表现在版权资源的高度集中与整合、跨领域内容服务的优化升级、技术驱动的个性化用户体验、立体化数字内容生态系统的构建，以及在市场规则和标准制定等方面的强大影响力等多个层面上。这些综合策略共同构成了平台在数字版权产业中的绝对领先地位，并对整个产业链的竞争格局

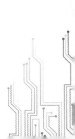

与市场生态环境产生长远而深刻的影响。

以音乐版权领域为例，诸如 Spotify、Apple Music 等音乐流媒体平台，通过与全球各大唱片公司及独立音乐人签署独家或优先许可协议，累积形成了海量的音乐版权库，其中包含众多流行艺术家作品和经典曲目。当这类平台掌握了大部分高流行度和高质量音乐的版权时，其他音乐流媒体服务提供商在缺乏同样丰富的版权资源支撑下，难以提供具有竞争力的音乐服务，由此导致该类平台在音乐版权服务市场中形成了市场封锁导致的垄断。

而在图书出版领域，部分大型出版社通过与作者签订独家出版合同，或通过并购中小型出版社及版权代理公司，大规模占有各类图书版权，尤其是畅销书籍和知名作家作品版权。借此，这些大型出版社就能凭借所掌握的巨大版权库，在图书市场占据主导地位，形成市场封锁导致的垄断。例如，中国的阅文集团在网文市场通过持续并购和整合各大文学网站，积累起数百万部网络文学作品的电子版权，从而在数字阅读市场获得了巨大的市场份额和内容竞争优势。此外，在影视行业，Netflix、Amazon Prime Video 等流媒体平台通过巨额投资自制内容和购置大量影视剧版权，逐步建立了各自的庞大影视版权库，这也体现了市场封锁导致的垄断的一些典型特征。

（三）版权排他性许可形成垄断的规制现状

从政策趋势来看，我国政府持续加大了对互联网行业反垄断的执法力度，旨在促进市场公平竞争和防止资本无序扩张，确保各类市场主体能在公平环境下参与竞争。其中典型的案例是腾讯在 2021 年受到了国家市场监督管理总局关于独家版权协议和其他排他性协议的反垄断审查，并因此受到了相应的处罚。市场监督管理总局针对腾讯在网络音乐独家版权方面的做法进行了整治，要求腾讯及其关联公司不得与上游版权方达成或变相达成独家版权协议或其他排他性协议，同时也不得要求或变相要求上游版权方给予自身优于竞争对手的条件。这意味着腾讯及其他互联网巨头在签署独家合作协议时会面临更加严格的监管环境，需要遵守反垄断法相关规定，确保市场内的各类主体有公平参与竞争的机会。

但是这并不意味着所有类型的独占性协议都被禁止。事实上，独占性协议在很多商业活动中仍然存在，只要它们不违反当地反垄断法律法规，仍然是合法的商业安排。例如，在特定条件下，版权方可以选择性地授予一方企业独家授权，只要这种授权没有明显消除或限制市场竞争，未导致市场集中度过高或滥用市场支配地位。

各国和地区对于独占性协议的处理态度各有差异，往往会根据个案具体情况，综合考虑市场竞争状况、消费者权益、创新激励等多种因素进行审查和判断。在我国，随着反垄断法的不断完善和执行力度的加强，企业在签署和执行独占性协议时必须更加谨慎，确保其合法合规，不会对市场竞争产生不良影响。因此，现今依然可能存在合法的独占性协议，只是这类协议需要严格遵循反垄断法的要求和监管机构的指导。

二、数据垄断与算法共谋

数字版权不仅涉及内容本身的使用权，还包括与之相关的用户数据。大型数字平台通过收集、传输、汇聚、存储和处理分析用户和第三方厂商的数据，从而获得对数据资源的掌控和利用能力，形成数据垄断。这种数据控制使得他们能够更好地了解市场需求和创作者情况，从而在版权交易中占据有利地位，通过算法推荐、内容审核等手段，对版权资源的展示和推广进行决策，从而影响用户的获取和使用行为。这种控制信息流动的能力使得他们在版权市场中占据守门人地位。

（一）大型平台控制信息的传播和分发

在数字版权中，大型数字平台的数据控制能力尤为突出，主要体现在以下几个方面：一是数据收集。大型数字平台通过用户注册、使用行为、搜索记录等方式，收集大量的用户数据。这些数据包括个人信息、兴趣爱好、行为习惯等，能够为平台提供更准确的用户画像和定向广告。二是数据传输和汇聚。大型数字平台通过数据传输和汇聚，将不同来源的数据进行整合和分析。这种数据汇聚的能力使得平台能够更全面地了解用户需求和市场动态，从而优化内容推荐和广告投放。三是数据存储和处理。大型数字平台通常拥有庞大的数据存储和处理能力，能够对海量数据进行高效的分析和挖掘。这种数据处理能力使得平台能够更快速地响应用户需求和市场变化，提高内容分发和推广的效率。四是数据分析和利用。大型数字平台通过数据分析和利用，能够深入了解用户需求和偏好，优化内容推荐、广告投放和营销策略。这种数据分析和利用的能力使得平台能够更精准地满足用户需求，提高用户黏性和满意度。

数字技术改变了作品的传播方式，并与版权的行使紧密融合。数字技术对消费类端口访问通道具有限制作用，数字技术中具有代表性的版权保护措施在防止侵权行为发生的同时，也使经营者成为版权资源流通的"绝对控制者"，能够对技术控制可及范围内的作品或版权资源关联市场施加难以消除的反竞争影响，网络平台中原创和广受欢迎的作品对会员权限的要求和独家放映限制，使其他竞争对手无法进入相同的版权市场，从而无法提供相同的版权内容经营活动。这进一步为经营者利用算法程序控制和管理内容平台的数字作品和版权分发进而获得不合理的垄断利润等行为提供了可能。数字版权的模糊边界使经营者可以在市场上创造出各种数字化商品交易形式，如作品订阅和服务。通过技术供给在作品传播环节塑造出的竞争优势，使权利人能够借助专有、排他和不合理定价来获取超额垄断利润，从而实施滥用版权的行为。

（二）竞争优势和"市场颠覆"陷阱的产生

通过积累竞争优势、依靠垄断保护的排他权，版权商品经营者成功实现资本扩张，并以此为力量，在市场上培育了垄断竞争的格局，最终达到了市场垄断地位。数据优势在其中起到了重要的作用，由于数字技术改变了作品传播的方式，作品的传播更多地受到了经营者技

术手段的制约和引导，导致消费者在获取作品或相关服务的同时无法避免与特定经营者接触。当市场上对某一特定作品存在极高的访问需求而供应渠道又非常有限，甚至只有一家时，就会导致该市场上作品获取方式和访问渠道的单一化和固定化，在这种情况下，经营者通过对作品和版权增值服务的获取访问端口进行技术把持，形成了网络效应、技术限制和优势地位，从而形成虚假的"市场倾覆"陷阱。数据与版权的结合使这种控制和限制愈加显著。以自我优待为例，运营商作为数字经济的新型垄断者，依托资本优势和平台规则获取高额利润回报，利用大数据分析消费者偏好，并通过技术能力实现精准推荐引流。其中，通过技术和平台规则限制内容的传播和获取渠道就是运营商打造市场支配能力的根本。在数字版权领域，运营商如影视平台可以通过调整平台规则，优先推送自营投资机构或影视作品，利用数据优势和技术手段来强制投放广告并重复收费。网络文学作品的传播软件和其他平台运营方在市场中具有支配力。为了获取更多的流量曝光，这些平台要求创作者签署排他性协议和未完成作品版权先行授予协议，从而积累平台的版权资本。这些行为缺乏竞争约束，往往会演变成反垄断法禁止的垄断行为，因为经营者拥有不可替代的版权资源。

（三）算法优势和技术手段

随着平台汇聚大量用户的使用数据，它可以通过算法优化资源配置，精准匹配供需，形成竞争优势。特别是在数字版权产业，通过对版权内容的智能管理、分发和定价策略，平台可以进一步稳固其市场领导地位，抑制潜在竞争者的发展空间。

另外，大型数字平台通常拥有先进的技术手段和数据分析能力，能够对版权资源的追踪、监测和管理进行精细化的控制。这种技术手段的运用使得他们能够有效地打击侵权行为，加强对版权的控制和管理，但也可能导致版权的过度保护，限制创作者的创作自由和公众的合理使用。

（1）数字水印和指纹技术。通过在数字内容中嵌入不易察觉的标识信息，可以追踪和识别内容的来源和传播路径。这种技术有助于版权所有者监测和打击非法复制和传播行为，但也可能被用于追踪用户的行为和收集数据。

（2）版权管理系统。版权管理系统是用于管理和监控数字版权使用的软件系统。它可以控制数字内容的访问、使用、分发和许可，并记录详细的使用数据。这种系统加强了版权所有者对内容的控制，但也可能限制用户的合理使用。

（3）人工智能和机器学习。通过 AI 和机器学习技术，可以对海量的数字内容进行自动分类、识别和监测。这使版权所有者能够更高效地追踪和打击侵权行为，但也可能导致误判和过度保护。

（4）大数据分析和挖掘。大型数字平台利用大数据技术，对用户的行为、偏好和消费习惯进行深度分析。这种分析可以为广告投放和内容推荐提供依据，但也可能泄露用户的隐私。

（5）数字版权保护技术。数字版权保护技术用于限制数字内容的非法复制、分发和使用。它可以控制内容的访问和使用方式，保护版权所有者的利益。然而，过度保护可能会损害用户的合理使用权益，

并导致技术的反作用。大型数字内容企业在技术创新和平台建设方面具有领先优势，能够提供更加优质、便捷的服务，吸引更多的用户和广告商。这种技术优势和平台优势使得其他企业难以与之竞争，容易形成市场壁垒。

三、规制经济学领域动态效率的分析

从规制经济学视角，实施有针对性的反垄断法规制，对具有市场支配地位的数字平台进行严格审查，防止滥用市场力量排除或限制竞争，比如禁止无正当理由拒绝交易、强迫捆绑销售等行为。设计和推行数据共享和互操作性规定，以促进市场竞争，例如要求平台开放API接口，允许第三方开发者接入，打破数据壁垒，减少进入市场障碍。制定和更新适应数字版权产业特点的规制政策，包括但不限于版权期限、二次创作规定、数字版权管理技术使用等，确保规制既能保护版权，又能抑制过度垄断，维护市场的公平竞争环境。

在规制经济学领域，动态效率作为一个核心概念，深度反映了规制政策对经济系统长期创新活力、适应能力和增长动力的影响。不同于传统静态效率仅聚焦于即时的资源配置效率和帕累托最优状态，动态效率更关注经济体在未来时间内通过技术创新、市场结构调整以及制度变迁所实现的效率提升。

规制政策在追求动态效率的过程中，需审慎平衡多种复杂的经济现象和机制。首先，规制应着力于营造有利于技术创新和长期投资的激励环境，因为这两者是推动经济系统动态升级和生产力增长的关键要素。过度严格的规制可能导致企业缺乏足够的动力去投资研发，而规制缺失或失效则可能诱发市场失灵，阻碍资源向最具生产力方向的有效配置。其次，规制应确保市场具备高度的进入与退出流动性，以便新企业在面对技术和市场需求变革时能迅速入场，推动市场竞争和产业升级。这意味着规制政策需警惕既得利益固化，鼓励市场竞争，为新的理念、产品和服务提供发展空间。进一步地，规制经济学中的动态效率也涵盖了学习效应和经验曲线的概念，即企业通过生产过程的学习和积累，能够降低成本、提高效率。规制须充分认识到这一特性，通过合适的规制框架来促进企业持续学习并从中受益。在网络效应显著和规模经济主导的产业中，规制应当谨慎处理规模与竞争之间的关系，允许企业在享受规模经济优势的同时，维持市场竞争压力，防止市场权力过度集中导致的效率损失。最后，鉴于经济环境的不确定性及市场趋势的不可预测性，规制必须展现出强大的适应性和前瞻性，设计出能够应对各种经济周期波动和外部冲击的弹性规制体系，确保经济主体能够在面临未来挑战时，保持高效且灵活的市场反应。

综上所述，规制经济学对动态效率的理论诠释要求在制定和执行规制政策时，充分整合技术创新、市场结构变迁、投资行为、学习效应、网络效应和规模经济，以及市场适应性等多个维度的理论分析，以期在促进短期稳定与长期发展的双重目标间取得恰到好处的平衡，助力经济社会的持续健康发展。

版权是有关知识信息的财产权，从根本上看，知识是可用于加工、再利用的资源，为此在知识与效率之间也存在特殊的关系。如何才能实现知识最大化利用，将知识资源进行效率配置？这与知识资源的经济属性有关，因为知识是无形的，具有非竞争性特征，尤其是在信息时代下，作品公开之后，其他私人复制成本极低，使用者可以轻松获得作品，版权人排斥"搭便车者"成本较高。非竞争性特征说明了知识主体拥有了知识资源，但不会减少或影响其他主体拥有的知识资源，资源的扩展成本非常小。无形知识通过物化，将知识和有形载体串联起来，主体不同，可在同一时间、空间内消费知识。消费不会消耗知识资源，随着知识资源的投入，知识产品的边际成本会不断降低，边际利润不断提高。知识可以使其他生产要素如资本、劳动等都呈现出边际效益递增的特征。知识的内在属性决定了生产者对知识的最有效利用，体现在"最大限度地使用知识资源"的内涵上，即让现在需要知识的人和未来需要知识的人都能以最小的代价使用知识，最大限度地提高了社会福利。换言之，知识作为一种非竞争性的无形资源，不会因使用而枯竭，反而会变得越来越丰富，人们以最小的代价接近知识，此时社会的福利和资源的分配是最有效率的。在这种效率的实现中，必然会对特定的知识生产者的效用产生不利影响，但从长期来看，由于知识的普遍应用，其整体社会效用要比个人所得效用大得多，因此，知识领域的效率形式应属于卡尔多－希克斯效率。

1. 单一产品市场

在网络效应作用下，消费者效用不仅与自身的偏好有关，也与使用相同或兼容产品的用户人数有关。在引入网络效应的情况下，假设用户的评价为 e，原创产品价格为 p，复制品的成本为 c，$c \geq 0$，设定消费者最多只能购买一单位商品。

用户效用：

购买原创产品，$Ue = eX_0 - P$

购买复制品，$Ue = ex_q - c$

不买，$Ue = 0$

为了消除复制，生产者将降低价格，最大化机制为

$$\max \pi (p) = p[1 - \frac{P}{X_0}] \text{ s.t. } p \leqslant \frac{CX_0}{x_q}$$

价格最大化为：$P_1 = \frac{X_0}{2}$，

利润最大化为：$\pi_1 = \frac{X_0}{4}$

上式成立的条件为当且仅当 $c \geqslant \frac{x_q}{2}$

当复制无法彻底封锁，但生产者又需要阻止复制时，定价为

$$P_2 = \frac{CX_0}{x_q}$$

利润为 $\pi_2 = \frac{cX_0(X_Q - c)}{x_Q^2}$

当生产者允许复制存在时，设定一个较高价格并且容忍复制，机制为

$$\max \pi (p) = \frac{p[1 - \frac{p - c}{(x_0 - x_q)}] \text{ s.t. } cx_0 \leqslant p \leqslant x_0 - x_q + c}{x_q}$$

此时，利润最大化的价格为

$$P_3 = \frac{x_0 - x_q + C}{2}$$

利润为 $\pi_3 = \dfrac{2(x_0 - x_q + C)}{4(x_0 - x_q)}$

上式有效的前提是当且仅当

$$\frac{x_0 - x_q + c}{2} \geqslant \frac{cx_0}{x_q} \iff c \leqslant \frac{x_q(x_0 - x_q)}{2x_0 - x_q}$$

（1）如果盗版厂商在数字版权保护技术上破解失败，那么正版厂商就会形成排他性垄断。所以消费者只有两个策略：买正版产品还是不买。

当消费者购买合法产品时，$U = X + \theta D_O^M - P_O^M$

当消费者不购买时，U 的值为 0。

D_O^M 和 P_O^M 分别指厂商 O 形成垄断时，消费者对正版厂商的需求和产品价格。θ 代表强度系数，用来对消费者购买意愿受网络环境影响的程度进行评估和估算。

设边际消费者为 X'，买正版产品和不买于他无异，$X' + \theta D_O^M - P_O^M = 0$，即 $X' = P_O^M - \theta D_O^M$

对于正版产品的需求 D_O^M，可以通过计算 $D_O^M = 1 - X' = 1 - (P_O^M - \theta D_O^M)$ 来得到。

$$D_O^M = \frac{1 - P_O^M}{1 - \theta}$$

（2）如果盗版厂商成功破解数字版权保护技术，并复制出盗版产品，市场将产生 O 和 P 两个竞争对手的双寡头情景。消费者可以选择购买正品、假货或者干脆不购买。

当消费者购买正版产品时，$U = X + \theta (D_O^D + q D_P^D) - P_O^D$

当消费者购买盗版产时，$U = q[X + \theta (D_O^D + q D_P^D] - P_P^D$

消费者未购买时，U=0

其中，D_O^D 和 P_O^D 分别代表形成双寡头垄断时，消费者对正版产品的需求和产品价格。D_P^D 和 P_P^D 分别代表形成双寡头垄断时，消费者对盗版产品的需求和产品价格。θ 依然代表网络效应强度系数，q 代表盗版产品可以正常使用的概率。

购买正版产品的消费者评价较高，购买盗版产品的消费者评价中等，不购买任何产品的消费者评价较低。假设存在两类边际消费者，分别为 X'' 和 Y''。

消费者 X'' 在购买正版产品和盗版产品时并无差别，即

$$X'' + \theta\left(D_O^D + qD_P^D\right) - P_P^D = q\left[X'' + \theta\left(D_O^D + qD_P^D\right)\right] - P_O^D$$

购买盗版产品与不购买的效用相同，即

$$q\left[Y'' + \theta\left(D_O^D + qD_P^D\right)\right] - P_O^D = 0$$

求得 $X'' = \dfrac{P_O^D - P_P^D}{(1-q) - \theta(D_O^D + qD_P^D)}$

$$Y'' = \dfrac{P_P^D}{q} - \theta\left(D_O^D + qD_P^D\right)$$

因此，$D_O^D = 1 - X'' = \dfrac{1 - (P_O^D - P_P^D)}{(1-q) - \theta(D_O^D + qD_P^D)}$

$$D_P^D = X'' - Y'' = \dfrac{P_O^D - P_P^D}{(1-q) - \theta(D_O^D + qD_P^D)} - \dfrac{P_P^D}{q} - \theta\left(D_O^D + qD_P^D\right)$$

求得

$$D_O^D = \dfrac{(1-q) + \theta(qP_O^D - P_P^D) - (P_O^D - P_P^D)}{(1-q)(1-\theta)}$$

111

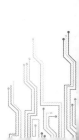

$$D_P^D = \frac{qP_O^D - P_P^D}{q(1-q)}$$

2. 静态效率：厂商定价

当经济环境中只存在一个售卖正品的企业，那么市场完全被垄断，函数公式如下。

反需求函数：p_1 随着 q_1 的增加而减少。

对需求函数进行改写：$q_1 = \dfrac{a}{b} - \dfrac{p_1}{b}$

成本函数：$c_1 = f + cq_1$

按照给定参数，可以计算出利润函数为 $u_1 = \dfrac{(a-p_1)(p_1-c)}{b-f}$。

p_1 表示正品的价格，q_1 表示消费者对正品的需求，f 表示产品的生产成本。对于假货的生产厂商来讲，成本属于研发费用，c 是指生产产品的全部成本以及边际成本。p_1 价格的函数计算方式如下：

$$p_1 = c + \frac{a-c}{2}$$

垄断厂商的利润 $\Pi_O^M = P_O^M \cdot D_O^M = P_O^M \cdot \dfrac{1-P_O^M}{-\theta}$

一阶条件满足，即 $\dfrac{\partial \Pi_O^M}{\partial P_O^M} = 0$ 时，求得

$$P_O^M = \frac{1}{2}$$

$$\Pi_O^M = \frac{1}{4(1-\theta)}$$

对消费者来说，正版和盗版替代性很大。

$$p_1 = a - b(q_1 + \theta q_2), \quad p_2 = a - b(\theta q_1 + q_2)$$

上述的计算式中，a 和 b 都属于正数，θ 的取值范围为 $0 \leqslant \theta \leqslant 1$，当 θ 的取值范围不在这一范围内，说明两种生产的产品属于互补类产品。如果 $\theta=0$，那么其中只有一种产品与产量存在关联关系，产品不能被替换。当 θ 无限靠近 1 时，两种产品的可替换性就越大。当 θ 为 1 时，两种产品被取代。如果产品是假货，那么 θ 的取值范围是 $0 < \theta < 1$，则两种产品的替代性以及相关性在中值，θ 的值无限靠近 1。

通过转换法函数公式，获得方程：

$$\frac{(1-\theta)a - p_1 + \theta p_2}{(1-\theta_2)b}$$

$$\frac{(1-\theta)a - p_2 + \theta p_1}{(1-\theta_2)b}$$

正版产品的成本函数可以表达为

已知 $c_1 = f + cq_1$，f 是指产品的生产成本，但是对于生产假货的厂商来说固定成本属于一种研发费用。c 代表产品的固定生产成本以及边际价格水平。

利用鲍利的线性需求模型得出售卖正品的厂商的经营利益函数为

根据公式 $u_1 = (p_1 - c)\dfrac{(1-\theta)(a-c) - (p_1-c) + \theta(p_2-c)}{(1-\theta_2)b} - f$ 进行改写。

同样，制造假货的制造商的产品价格函数为

$$c_2 = cq_2$$

利润函数为

$$u_2 = (p_2 - c)\frac{(1-\theta)(a-c) - (p_2-c) + \theta(p_1-c)}{(1-\theta_2)b}$$

113

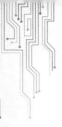

使 p_1 最大化的一阶条件揭示了正版厂商与盗版厂商在定价上的最佳反应函数。

$$2(p_1-c) - \theta(p_2-c) = (1-\theta)(a-c)$$

同样道理，盗版制造商的定价策略为

$$2(p_2-c) - \theta(p_1-c) = (1-\theta)(a-c)$$

由此可以确定均衡价格为

$$p_1 = p_2 = \frac{c + (1-\theta) + (a-c)}{2-\theta}$$

$$\Pi_O^D = P_O^D \cdot D_O^D = P_O^D \cdot \frac{(1-q) + \theta(qP_O^D - P_P^D) - (P_O^D - P_P^D)}{(1-q)(1-\theta)}$$

$$\Pi_P^D = P_P^D \cdot D_P^D = P_P^D \cdot \frac{qP_O^D - P_P^D}{q(1-q)}$$

令 $\dfrac{\partial \Pi_O^D}{\partial P_O^D} = 0$、$\dfrac{\partial \Pi_P^D}{\partial P_P^D} = 0$，分别得到厂商 O 和 P 的最优反应方程：

$$P_O^D(P_P^D) = \frac{(1-q) + P_P^D(1-\theta)}{2(1-\theta q)} \quad （正版厂商 O 的最优反应方程）$$

$$P_P^D(P_O^D) = \frac{qP_O^D}{2} \quad （盗版厂商 P 的最优反应方程）$$

由此可以求出两厂商的纳什均衡价格 P_O^{D*} 和 P_P^{D*}：

$$P_O^{D*} = \frac{2(1-q)}{4-q-3\theta q}$$

$$P_P^{D*} = \frac{q(1-q)}{4-q-3\theta q}$$

进而可以进一步求出两厂商在纳什均衡价格下的利润 Π_O^{D*} 和 Π_P^{D*}：

$$\Pi_O^{D*} = \frac{[4(1-q)(1-\theta q)]}{[(1-\theta)(4-q-3\theta q)^2]}$$

$$\Pi_P^{D*} = \frac{q(1-q)}{(4-q-3\theta q)^2}$$

对于多个产品厂商的分析，售卖假货的厂商会将其产品价格设定接近边际成本。当假货厂商的产品价格等于边际成本（$MC = c$ 时），售卖正品的厂商的适当价格函数如下：

$$2(p_1-c)-\theta(p_2-c)=(1-\theta)(a-c)$$

易于推出正版产品的最优定价为

$$p_1 = c + \frac{(1-\theta)(a-c)}{2}$$

对一个正品的生产厂商与一个假货的生产厂商的合适价格比较分析：

$$p_1 = p_2 = c+(1-\theta)(a-c)(2-\theta)$$

以及面对多个厂商的最佳价格策略：

$$p_1 = c + \frac{(1-\theta)(a-c)}{2}$$

如果市场中存在多个假冒厂商，那么正品厂商的售价就会下降。与市场上垄断的正品价格 $p_1 = c + \dfrac{a-c}{2}$ 相比，可以发现随着盗版厂商的进入，正品厂商的最佳定价会不断降低，越来越接近静态社会福利标准 $p = mc$。因此，在静态效率分析框架中，盗版有助于增加社会福利。

社会福利的含义与动态效率息息相关，其与知识的宣传力度紧密相连。知识的宣传力度可以被视作对知识产权的保护程度。动态效率的维护和更新是必要的。然而，实际上这两者并非完全相关。当 P^* 接近最大值时，它们对动态效率可能产生不同程度的不利影响。因此，版权保护存在最优值，也意味着超越这个临界值，版权就可能造成过度保护而形成滥用，进而产生垄断。

3.动态效率：垄断规制临界值

版权合法与滥用之间的临界值，即反垄断规制介入的阈值怎么计算？

前文中已经提到了保护度 $p \in [0，1]$，分为强保护 p_a 和弱保护 p_b 两大类。在强保护情况下，$p_a=1$，即盗版的概率为 0；在弱保护情况下，$p_b \in [0，1]$，即发生盗版的概率为 $1-p_b$。因此，在制定最佳保护策略的时候有两个因素是需要考虑的：一是选择强保护还是弱保护；二是决定采用弱防护策略时应如何确定最佳防护等级 p_b。

在强保护状态下，制造商能够获得的最大利润是：$p_b = \dfrac{S_0}{2}$，其中

$$\dfrac{S_c}{2} \leqslant c \leqslant S_c$$

弱保护有两种情形：一是抵制共存，二是适应共存。

在共存但抵制状态下，$p_d = C \dfrac{S_0}{S_c}$，其中 $\dfrac{S_c(S_0 - S_c)}{2S_0} - S_c \leqslant c \leqslant \dfrac{S_c}{2}$

在共存和适应的情况下，$p_a = \dfrac{S_0 - S_c + c}{2}$，其中 $0 \leqslant c \leqslant \dfrac{S_c(S_0 - S_c)}{2S_0} - S_c$

一般来说，弱版权保护技术的实施成本 $K(p_b)$ 随着抑制盗版程度的加强而提高。假设 $K(p_b) = p_b^2$，并设强保护技术的实施成本 $K(p_b)$ 为常数 X。

厂商 O 的预期利润是通过采用弱保护技术计算得出的，公式为 $\Pi_O^{Eb} = p_b \Pi_{MO}^* + (1-p_b) \Pi_O^{D*} - p_b^2$；厂商 O 的预期利润是通过采用强保

护技术来实现的，公式为 $\Pi_O^{Ea} = \Pi_O^{M*} - X$

当且仅当选择弱保护技术的预期利润 Π_O^{Eb} 小于选择强保护技术的预期利润 Π_O^{Ea} 时，即 $p_b \Pi_{MO}^* + (1-p_b) \Pi_O^{D*} - p_b^2 > \Pi_O^{M*} - X$ 时，正版厂商会采取弱保护技术。

经整理上式，可以得到：

$$X > (1-p_b)(\Pi_{MO}^* - \Pi_O^{D*}) + p_b^2 \qquad (A)$$

设 $\Pi_{MO}^* - \Pi_O^{D*} = \Delta\Pi$，则厂商 O 选择弱保护技术的条件为

$$X > (1-p_b)\Delta\Pi + p_b^2$$

当一阶条件满足时，$\dfrac{\Pi_O^{Eb}}{\partial p_b} = \Pi_{MO}^* - \Pi_O^{D*} - 2p_b = 0$，由此求得：

最优值为 $p_b^{Good} = \dfrac{\Delta\Pi}{2}$

将 $p_b^{Good} = \dfrac{\Delta\Pi}{2}$ 代入（A），整理得厂商 O 采取弱保护技术的条件为

$$X > \Delta\Pi\left(1 - \dfrac{\Delta\Pi}{4}\right)$$

反之，厂商采取强保护技术的条件为

$$X < \Delta\Pi\left(1 - \dfrac{\Delta\Pi}{4}\right)$$

综上，厂商 O 的最优数字版权保护策略为

当 $X > \Delta\Pi\left(1 - \dfrac{\Delta\Pi}{4}\right)$ 时，厂商 O 应采取弱保护技术，且最优保护程度为 $p_b^{Good} = \dfrac{\Delta\Pi}{2}$

当 $X < \Delta\Pi\left(1 - \dfrac{\Delta\Pi}{4}\right)$ 时，厂商 O 应采取强保护技术，$p=1$

当 $X = \Delta\Pi\left(1 - \dfrac{\Delta\Pi}{4}\right)$ 时，厂商采取强保护技术或弱保护技术无

差异。

在成本较高的情况下，厂商 O 倾向于采用较弱的保护技术。当弱保护技术能够抑制一半的盗版情况（即盗版发生概率为 $1-\dfrac{\Delta\Pi}{2}$）时，厂商 O 可以实现最大利润。

但是，如果强保护技术的成本相对较低，厂商 O 会采用强保护技术，以完全抑制盗版的发生。在市场机制的指引下，厂商在对版权问题的处理上不会盲目保护，也不会全面放弃保护，而会根据实施保护措施的成本以及来自盗版厂商的竞争状况，来决定采取何种保护策略。综合上述分析，如果垄断发生在厂商的强保护阶段，则应由政府采取措施反垄断；如果发生在弱保护阶段，政府则应限制定价范围，参考对自然垄断的价格限制措施。

第六章　反垄断执法与数字版权案例

一、国内外典型案例解析

反垄断执法在数字版权领域是一个复杂且敏感的话题，尤其在涉及大型科技公司和媒体企业时。这些案例通常关注是否滥用市场支配地位、妨碍公平竞争、限制创新，以及是否损害消费者利益等问题。

（一）腾讯音乐版权案

腾讯音乐娱乐集团作为中国在线音乐市场的领头羊，旗下囊括了QQ音乐、酷狗音乐、酷我音乐等广受欢迎的音乐平台。自2016年起，腾讯音乐娱乐集团通过一系列战略合作与版权收购，迅速积累了大量的音乐版权资源，包括与环球音乐、索尼音乐、华纳音乐三大国际唱片公司及众多国内唱片公司的独家版权协议。这一系列动作使腾讯音乐娱乐集团几乎垄断了中国在线音乐市场的主要音乐资源，从而在很大程度上限制了竞争对手获取热门音乐作品的能力，如网易云音乐、阿里音乐等平台在版权谈判中处于不利地位，难以获得全面的音乐库支持。

2021 年，中国国家市场监督管理总局（以下简称"市场监管总局"）启动了对腾讯音乐的反垄断调查，依据《中华人民共和国反垄断法》的相关规定，重点审查了腾讯音乐是否存在滥用市场支配地位的行为。调查发现，腾讯音乐通过长期维持的独家版权协议，有效地控制了音乐作品的线上分发渠道，这一做法不仅限制了其他平台的音乐内容供应，还可能阻碍了新进入者和现有竞争者的市场活动，进而损害了消费者的权益和音乐市场的整体竞争格局。基于调查结果，市场监管总局认定腾讯音乐的行为构成了滥用市场支配地位，违反了《中华人民共和国反垄断法》第十七条的规定。

作为回应，市场监管总局对腾讯音乐作出了严厉的处罚决定，其中包括：责令腾讯音乐立即解除与唱片公司的独家版权协议，允许音乐作品在所有合法的在线音乐平台上进行分发，以此恢复市场的公平竞争状态。禁止腾讯音乐继续采用高额预付金等非市场化的版权费用支付方式，避免此类行为进一步扭曲市场竞争机制。对腾讯音乐处以一定数额的罚款，虽然具体金额未在公开报道中详细说明，但这一惩罚旨在警醒行业内的其他企业，强调遵守反垄断法规的重要性。

这一裁决对中国音乐流媒体行业产生了重大而深远的影响。首先，腾讯音乐解除独家版权协议后，市场上出现了更为开放的版权交易环境，音乐作品得以在更多平台合法播放，极大地丰富了消费者的音乐选择，提升了用户体验。其次，这一举措打破了腾讯音乐娱乐集团在版权市场的垄断局面，为中小音乐平台和新兴企业提供了新的发展机遇，有助于促进整个行业的创新与竞争活力。最后，从长远来看，市场监管总局的这一举措向互联网行业释放了明确信号：任何企业无论规模大小，都必须在法律框架下公平竞争，不得滥用市场支配地位损害行业生态和消费者权益。

腾讯音乐版权案不仅是对单一企业的处罚，更是中国政府在互联网领域加强反垄断监管、维护市场秩序、保护消费者权益的一次标志性行动。它不仅对中国音乐流媒体行业产生了立竿见影的正面效果，也为全球范围内互联网巨头的市场行为设定了新的规范，强调了在数字经济时代，企业应遵循公平竞争原则，共同营造健康、有序的市场环境。这一案例再次证明，有效的市场监管是促进产业良性循环、保障消费者权益不可或缺的力量。

（二）知网被审查案例

中国知网是我国最大的学术文献数据库和数字化学习平台，涵盖了广泛的学术期刊、学位论文、会议论文、专利、标准、年鉴、工具书等各类文献资源。中国知网在学术界和教育领域扮演着极其重要的角色，几乎是研究人员、学者和学生获取中文文献的必经之路。

2021年以来，中国知网因其高昂的订阅费和版权授权费、对学术资源的垄断性控制以及对作者权益的忽视，引起了学术界和社会公众的广泛关注。中国知网被指控滥用其在学术数据库市场的支配地位，强制高校图书馆和其他机构接受高价订阅合同，同时还存在未经作者同意擅自收录作品的问题，这引发了多起版权侵权诉讼。

2021年底至2022年初，市场监督管理总局宣布对知网涉嫌违反《中华人民共和国反垄断法》的行为进行立案调查。调查聚焦于知网是否滥用市场支配地位，实施不公平的高价行为，以及是否限制学术成果的传播和使用。经过一段时间的深入调查，2022年5月，市场监督管理总局正式对知网开出了巨额罚单，并责令其进行整改，要求知网降低服务费用、改进版权授权机制、增强版权保护意识，以及改善与学术界的关系。

知网的反垄断调查和处罚不仅影响了其自身的商业模式和市场策略，也对整个学术出版行业产生了深远影响。这一事件促使学术出版机构和数据库服务商重新审视其版权授权和价格策略，以更加公平合理的方式对待作者和用户。此外，知网案例还激发了社会对于学术资源公共属性的讨论，推动了开放获取运动的发展，鼓励学术成果的免费分享和广泛传播。

知网被审查案例彰显了中国在数字版权领域加强反垄断监管的决心，旨在保护市场公平竞争，维护消费者和创作者的合法权益，促进知识的自由流动和创新的持续发展。这一案例对其他具有市场支配地位的企业也起到了警示作用，提醒它们在经营活动中应遵守相关法律法规，避免滥用市场地位损害行业生态和公共利益。

通过知网案例，我们可以看到，反垄断执法在数字版权领域扮演着至关重要的角色，它不仅有助于构建健康的市场环境，也是推动行业进步和保护知识产权的重要手段。

（三）谷歌图书扫描项目

谷歌图书扫描项目始于2004年，目标是创建一个庞大的在线图书馆，使全世界的图书都能被搜索和浏览，让人类知识更容易获取。该项目涉及数以千万计的书籍，涵盖各种语言和主题，旨在通过互联网为全球用户提供书籍的数字化版本。然而，该项目从一开始就引发了版权争议。美国作家协会（Authors Guild）和美国出版商协会（Association of American Publishers）代表众多作者和出版商，认为谷歌未经版权持有者许可就扫描并展示受版权保护的书籍内容，侵犯了他们的版权。他们提起诉讼，指控谷歌的行为违反了美国版权法，要求停止扫描并赔偿损失。

争议的核心在于"公平使用"原则的应用。公平使用是美国版权法中的一个重要概念，允许在某些情况下无须版权持有人许可即可使用受版权保护的作品，比如评论、批评、新闻报道、教学、研究或者其他特定目的。谷歌辩称，其图书扫描项目属于"公平使用"的范畴，因为它提供的服务具有教育和研究价值，而且只显示书籍的片段，不会损害原作品的市场价值。历经多年法律斗争，谷歌与美国作家协会和出版商协会最终达成了和解。2008 年，双方提出了一项和解协议，其中包括谷歌将支付 1.25 亿美元用于建立一项基金来解决索赔，并为未来的版权查询提供资金。此外，谷歌还获得了扫描和展示数百万册已绝版但仍受版权保护的图书的权利，前提是版权持有人没有明确拒绝。然而，这一和解协议引起了更多争议，因为它可能赋予谷歌在数字图书市场上的垄断地位。因此，美国司法部对协议提出了质疑，最终导致和解未能得到法院批准。随后，谷歌继续与个别出版商和作者协商，逐步解决了版权问题。2013 年，纽约南区联邦地区法院法官陈卓光（Denny Chin）裁定谷歌图书扫描项目符合"公平使用"原则。

法官指出，谷歌图书扫描项目具有变革性，因为它创造了一个全新的、有教育价值的用途，即通过搜索和片段视图提供对书籍内容的访问，而非替代原作品的市场。这一裁决得到了上诉法院的支持，最终在2016年，美国最高法院拒绝听取原告的上诉，确认了下级法院的判决。

谷歌图书扫描项目的争议揭示了版权法与公众利益之间复杂的平衡关系。一方面，版权法旨在保护创作者的权益，鼓励创作和创新；另一方面，公众利益要求信息的自由流通和知识的广泛传播。在这个案例中，法院承认了谷歌图书扫描项目对于教育、研究和文化遗产保存的贡献，认为其在一定程度上符合公众利益的需求，同时也没有实质上损害版权持有人的经济利益。谷歌图书扫描项目及其引发的法律争议，不仅推动了数字版权法的演进，也促进了对"公平使用"原则的理解和应用。它展示了在数字时代，版权法必须适应新技术带来的挑战，既要保护版权持有人的权益，也要考虑公众获取信息的权利，从而在两者之间找到合理的平衡点。

（四）Spotify 与苹果 App Store 的纠纷

Spotify 是一家全球领先的音乐流媒体服务平台，为用户提供海量音乐和播客内容。苹果公司则运营着 iOS 操作系统及其核心应用商店——App Store，后者是所有 iOS 设备下载应用程序的唯一官方渠道。自 2016 年起，Spotify 与苹果之间的矛盾逐渐升级，主要集中在 App Store 的政策上，尤其是苹果对通过 App Store 内购系统购买数字商品和服务的第三方应用收取高达 30% 的佣金，以及苹果对自家应用与第三方应用的待遇差异。

2019 年 3 月，Spotify 正式向欧盟委员会提交了针对苹果的反竞争行为投诉。Spotify 指责苹果的 App Store 政策构成不正当竞争，主要体现在以下几个方面：第一，佣金收取。苹果对通过 App Store 进行的所有内购交易收取 30% 的佣金，这促使像 Spotify 这样的数字内容提供商不得不提高价格，或放弃使用苹果的支付系统，转而引导用户通过网页浏览器订阅服务，但这又会受到苹果的限制。第二，自我优待。Spotify 指出，苹果通过其 App Store 规则，给予自家应用 Apple Music 优于第三方应用的待遇，包括但不限于搜索排名、推荐算法和营销资源，这使得 Spotify 等第三方应用处于不利的竞争位置。第三，限制竞争。Spotify 认为，苹果限制了开发者与用户之间的沟通，禁止应用内告知用户有更便宜的订阅选项，这不仅损害了消费者的知情权，也阻碍了 Spotify 等应用通过更直接的渠道吸引和保留用户。

面对 Spotify 的指控，苹果坚称其 App Store 政策旨在保护用户安全和隐私，确保所有应用符合严格的质量和安全标准。苹果辩解称，30% 的佣金是为了维护 App Store 的运营成本，包括支付系统、客户服务、软件开发工具和安全措施。至于自我优待的指控，苹果表示所有应用在 App Store 中都受到相同的审查标准和政策约束，不存在特殊对待自家应用的情况。Spotify 的投诉引起了欧盟委员会的重视，后者随即对苹果的 App Store 政策展开了正式调查。欧盟委员会关注的焦点在于苹果是否通过其 App Store 规则和政策，限制了音乐流媒体服务之间的竞争，以及苹果是否滥用其在 iOS 平台的市场支配地位，给予自家应用不公平的优势。

2020 年 6 月，欧盟正式对苹果的 App Store 政策启动了两项反垄断调查，除了 Spotify 案，还包括苹果对第三方应用内购系统的限制。如果调查证实苹果存在反竞争行为，可能会面临巨额罚款，甚至被迫改变 App Store 的运营模式。Spotify 与苹果的纠纷不仅是一场企业间的法律较量，更是全球范围内平台型公司自我优待行为争议的缩影。随着亚马逊、谷歌、Facebook 等科技巨头纷纷建立起自己的平台生态系统，如何平衡平台所有者的利益与第三方参与者权益，成为反垄断监管机构和政策制定者面临的重大挑战。这些争议促使各国政府和监管机构加强对平台经济的审查，以确保市场公平竞争，保护消费者权益，促进创新和经济增长。Spotify 与苹果 App Store 的纠纷凸显了平台型公司在运营过程中可能存在的自我优待行为，以及由此引发的市场竞争和公平性问题。这一案例不仅对当事双方产生了深远影响，也对全球科技行业和反垄断法规的演变产生了重要推动作用，促使监管机构加强对平台经济的监管，以维护健康的市场秩序和公平竞争环境。

二、执法难点与争议焦点

版权制度通过明确作品所有权归属、赋予作品排他性，使作品的创作者能够向使用者收取一定的费用，以补偿生产知识所花费的成本，从而对版权人形成供应生产的激励，处理了第一类市场失灵的问题。但是，这类产权归属方式在数字时代导致了另一类市场失灵现象——垄断的出现。版权是一种借助法律法规形成的垄断，需要反思的是，在数字经济时代，作者的权利是否需要绝对化？如何在数字版权产业垄断视域中重构现有版权制度？

（一）新兴技术与法律滞后性之间的冲突

随着数字技术的进步，特别是云计算、大数据、人工智能、区块链等新兴技术的广泛应用，数字内容的创作、分发和消费方式发生了根本性变化。作品的复制、传播和消费变得极为便捷，传统版权登记、管理及许可制度难以跟上这种高速变化的步伐。版权内容在网络上的传播几乎瞬间可达全球各地，数字版权产业中的版权侵权行为可能发生在须臾间，且侵权行为的痕迹不易留存，这给现行版权法在证据收集、侵权行为认定等方面带来了难题。版权保护的边界变得模糊，垄断的形式也愈发多样和隐蔽，如算法推荐系统的滥用、大数据分析带来的市场操纵等，这些都需要规制机构对新的垄断形态有深入理解和适应性规制手段。互联网的无国界性使得版权保护跨越了地理疆域，各国版权法律的差异性导致跨国版权纠纷频发，传统版权制度在跨境保护方面面临严峻挑战。

数字版权产业中出现了诸如流媒体、社交平台、订阅服务等新型商业模式，这些模式下版权许可、收益分配、用户权利等问题凸显。同时，数字平台通过网络效应、数据优势和复杂的商业模式，容易形成市场垄断地位，但如何界定这类新型垄断行为，尤其是将其区别于传统垄断行为，以及如何设计有针对性的法律制裁措施，目前的法律框架并未给出清晰、具体的答案。现有的版权保护措施虽然努力保护数字版权，但随着数字技术的发展，已有版权保护制度的弊端逐渐显现，法律滞后问题在数字版权保护和反垄断领域表现得尤为突出。现有的版权法和反垄断法是基于传统物理媒介环境下的版权侵权和垄断行为制定的，难以预见数字经济时代出现的新问题，对数字环境下的版权转移、复制、传播、使用等情况的规范和处理并不完全适用，因此在规制数字版权产业垄断时会出现法律依据不足或法律解释不明晰的问题。

数字版权时代，创作和出版格局已经发生了显著的变化。当前，个人可以在网络上创作并出版（复制和发行），内容产业由传统的交易复制品向传输内容转变，版权法也应关注内容的传输，而不是传统的复制。受到新环境、新业态、新技术的影响，版权制度的改革迫在眉睫。尽管近年来许多国家和地区对其反垄断法进行了修订，开始尝试解决互联网环境下的反垄断问题，但是专门针对数字版权产业垄断的具体规制仍然相对匮乏。国务院等部门虽曾出台系列规范性文件，试图从宏观层面指导和规范数字版权产业的发展，但在具体操作层面，如何有效遏制垄断行为，保护市场竞争和消费者权益，以及如何平衡版权保护与信息传播自由、技术创新之间的关系，尚需要进一步细化和完善相关法律法规，以适应日新月异的数字版权产业发展现状。

（二）传统反垄断法在数字版权中面临的挑战

传统反垄断法在数字版权中面临巨大挑战。互联网效应下取得的成功更有可能被拥有更多市场的商业模式创新或技术所颠覆。诺贝尔奖获得者保罗·克鲁格曼认为，在新定律下，供给曲线是自上而下的，均衡价格是垂直的，这与传统西方经济学理论恰恰相反。均衡价格向相反方向向上倾斜，表明资源（数据）消耗得越快，其市场价值就越大，对其的需求就越大；供给曲线在相反方向的顶部向右倾斜，因为从反复学习和积累经验来看，制造某种东西的速度越快，就越容易再次制造，一般价格也会随着时间的推移、供给的提高而下降。

1. 自然垄断的消亡

版权集中现象的一个重要原因在于部分运营商对学术数据库、音乐和电子书版权的独占性，这反映了自然垄断的特点。由于版权资源的高度集中，某一运营商能够凭借较低的成本适应并引领市场发展趋势，实现规模经济效应。然而，在版权高度集中的市场环境中，新的学术数据库、音乐和电子书平台很难在不承受巨大亏损或避免重复建设的前提下进行有效竞争。

自然垄断在版权供应链的供给端尤为明显，初期投资规模庞大，数字内容服务平台需投入巨资研发搜索引擎和基础设施，从而形成竞争优势，使得后来者难以承担相同的初始成本投入。此外，互联网效应对供应端效率的提高产生了显著影响，网络平台的价值与其提供的服务质量和用户基数成正比。例如，电话网络的价值随着接入用户数量的增长而增加，类似原理也适用于视频、电子书和数字音乐等领域，独家经营有时恰恰能够最大限度发挥网络经济效应。

在消费端，转换成本构成了经济学上的关键考量。而在版权管理和保护方面，有人主张这体现了自然垄断的另一种效率，版权资源平

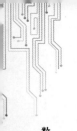

台通过购买或自持版权，创造出版权内容独一无二的所有权形态，这种激励机制强大，尤其是在积极打击未经授权使用数字音乐等行为时，表现出强烈的积极性。独家授权机制被认为是促使未授权内容迅速退出市场，推动网络音乐版权市场化交易，从而改善数字版权环境的有效手段。

（1）垄断行为的利弊权衡。反垄断法在数字版权领域的应用并非易事。数字内容平台在获取网络资源的过程中，由于其自身所具备的网络效应以及经济实力较为强劲，难免会对市场结构产生影响。反垄断研究者普遍认为需要对静态不效率性进行一定程度的适应与包容，才能够使其动态竞争效率得到提高。若使用强烈干预的手段对其进行调节，则会产生更大的风险。从一定程度而言，允许数字内容平台在行业中形成垄断，之后采用事后监管的方式对其实施救济性措施，反而能够为社会带来更多的福利。以 YouTube 为例，其为防止盗版设置了自动版权保护系统，取证成本、预防成本低了很多。然而，在网络效应影响下，游戏玩的人越多越有利于游戏的改进和完善，每一个玩家的正外部性都可以抵消其负外部性。微软公司后期对于盗版采取放任态度，当用户形成了习惯，对数字内容产品的应用逐渐发展为成熟的生态时，这种基于版权建立的产业生态具有强大的用户黏性，也是企业所追求的。戚聿东、李颖（2018）指出，在价值网络尤为突出的新经济中，技术的可扩展性、网络互联性和开放性更加受到青睐，相关技术标准竞争愈加激烈。大规模推广普及的需求具备可观的市场价值。

有观点认为，网络经济条件下的垄断不但有其存在的必然性，也有其合理性，具体体现在：第一，网络经济下的垄断与传统"垄断消除竞争论"相悖，技术创新速度的加快和更替的频繁，使新技术可能在没有获利之前就面临着被淘汰的命运，因此抢占市场先机和技术制高点的压力增大，竞争也更为激烈。垄断和知识产权只是压制了价格和严格意义上的竞争，但加剧了技术创新和业务模式的竞争。第二，网络经济下的垄断是在一定程度上缓解了"马歇尔冲突"的竞争性垄断，竞争性垄断市场在一定程度上兼容规模经济和竞争活力，网络经济下厂商的垄断不但没有降低效率，反而可能比完全竞争市场更有效率地利用资源。第三，网络经济下的垄断突破了"垄断抑制技术进步"的瓶颈，在新的动态竞争环境中，大企业的高市场份额往往是不稳定的，技术标准的改变和技术范式的转换必然导致企业的市场地位发生变化，使厂商面临巨大的竞争压力，并使其市场垄断行为大为收敛。

数字版权产业的反垄断规制需要在保护竞争与鼓励创新之间寻求平衡，同时兼顾数字经济时代的新特点和新技术带来的挑战。正如一些学者指出的，互联网行业的发展与垄断是极为脆弱的，大部分的企业可能会在顷刻之间从云端跌落。所以它们表示即使数字内容平台当前掌握了大量的数据，并在行业中形成了垄断，但是依照动态竞争效率，在高利润的诱惑下，其他行业的竞争者势必会在效率及服务等方面进行提升，进而超过原有的垄断企业占据市场龙头地位。

（2）市场结构变化。市场结构变化在数字版权产业中表现得尤为显著，特别是数字平台的兴起和壮大，它们凭借网络效应和数据驱动的优势，成为双边或多边市场体系的核心节点。在双边或多边市场中，平台连接了两个或多个相互依赖的用户群体，如内容创作者和消费者，使得平台的价值随着用户规模的增加而呈非线性增长，即平台的价值不是简单地等于各组用户价值之和，而是两组用户之间的交互和连带效应带来的额外价值。网络效应使得用户倾向于集中在最大或最活跃的平台上，因为他们可以从更大的用户群体中获得更大的价值。例如，一个拥有更多创作者和消费者的数字平台，能够提供更丰富的内容和更好的用户体验，从而吸引更多用户加入，形成良性循环，进一步强化平台的市场地位。数据驱动则意味着平台通过收集和分析用户数据，能够精准推荐内容、提升服务质量和定制个性化产品，从而提高用户黏性，并通过优化资源配置和创新商业模式，进一步巩固市场优势。

然而，这种新型垄断形态的成因、后果及相应的调控机制，在理论分析上还远未达到成熟阶段。理论研究需要深入探究数字平台如何通过网络效应和数据驱动来建立和维持市场垄断地位，以及这种垄断状态对市场竞争、消费者福利、创新活动以及社会整体经济效率的影响。同时，如何设计和实施有效的政策和法规，以平衡数字平台的利益与社会公共利益，防止市场过度集中导致的竞争扭曲和消费者权益受损，也是一个亟待解决的理论和实践问题。为此，学者们正在探索新的经济学理论框架，以适应数字时代市场结构变化带来的挑战，并为政策制定者提供更具针对性的政策建议。

（3）版权价值评估复杂。版权价值评估在数字环境下变得尤为复杂，主要是因为数字技术的普及改变了内容的创作、传播和分配方式，使得版权价值的产生、计量和分配机制发生了深刻变化。在数字环境下，版权价值的创造不再限于传统的物理形式，更是扩展到了线上内容的创作、分享和二次创作，这使得版权作品的潜在价值来源更加多元并难以量化。例如，一部数字作品可以通过网络传播迅速达到全球范围内的用户，其潜在的市场容量和影响力远远超过传统媒体，而这种潜在价值的评估需要考虑作品在网络环境下的传播速度、覆盖范围、互动性和持久性等新型价值维度。版权价值的传递也不再遵循传统的线性路径，而是通过互联网平台的多边市场效应得以放大。用户和内容创作者在平台上互动，使得版权作品的价值可以被多次挖掘和再创造，形成持续的网络效应。如何评估这种由用户参与和互动所衍生的新增价值，以及如何合理分配这部分价值，成了一个颇具挑战性的课题。

虽然版权集中显示出一定的规模经济效益，但这并不足以证明单一数字资源供应商市场的合理性。实际上，在多数情况下，市场可以通过适度的竞争和较低成本实现效率的最大化。维持多个数字资源供应商在市场中的竞争态势，能在保证版权集中规模效应的同时，激发竞争活力。传统的自然垄断模型，如天然气、电信、电力和供水等公用事业网络，其价值源于所提供的服务及其连接用户的规模，并且在固定成本分析框架下，独家供应商往往被视为最具效率。然而，数字资源市场与传统自然垄断行业存在本质区别，尤其是消费者的需求多样化和个性化，使得自然垄断的弊端显现。多个供应商提供的多样性和个性化内容产品能满足不同用户需求，过度强调版权集中的规模经济可能会抑制不同类型视频、音乐和电子书的广泛传播和多元化发展。

在版权整合过程中，即使符合反垄断法的原则，也可能对内容多样性产生消极影响，垄断企业倾向于追求商业利益最大化，而对内容的多元性和开放性有所忽视。在垄断状态下，平台可能会过于关注热门话题和短期效益，降低对高质量内容的投入，而即便算法能够覆盖长尾市场，缺乏竞争的垄断者却缺少不断创新商业模式和个性化推荐的动力。因此，产品差异化、市场规模经济和竞争之间的平衡至关重要。只有当产品存在显著差异时，多个生产者才会选择低成本内容进行生产，从而阻碍数字内容平台形成自然垄断。自由市场经济本质上崇尚竞争，而在特定情况下，虽然垄断似乎能实现短期的规模经济和动态效率，但引入市场竞争可能是更为长远和健康的市场结构。监管机构在决定是否允许诸如中国知网、腾讯音乐等数字内容平台进行全面版权集中的时候，必须审慎评估以下几个核心问题：是否存在市场垄断？已形成的垄断是否合理？引入市场竞争是否会损害经济效益？只有在确认版权垄断确有必要的效率，并且事后监管合理有效时，接受并管控垄断才符合经济效益的最大化原则。

2. 事后监管的失效

从理论层面来看，如果对既存的垄断行为进行有效且合理的事后监管具备可行性，则无须必然诉诸事前的结构性补救措施。接纳数字内容平台的垄断行为，并通过行为规制手段，结合市场机制，旨在最大限度地增进社会福利。事实上，公共事业部门如天然气、水电、通信和交通等行业，普遍采取事后监管机制。在实施事后监管时，消费者价格常常作为衡量市场竞争状况的核心指标。正如波斯纳的观点所示，价格理论在反垄断研究中占据重要地位，其基本理念是，在正常竞争条件下，理性的经济主体将选择使其利润最大化的投入组合，只有当获取的利润超过竞争水平且违背市场规则时，才应受到反垄断法的严厉制约。

然而，在数字内容平台领域，传统的价格度量工具，如需求弹性分析和边际成本计算，在判断平台是否滥用市场支配地位时可能存在局限性。即便是线性数字资源如学术数据库，传统的价格分析框架也可能无法全面揭示其市场行为的真实效果。以亚马逊为例，其于2007年推出的电子阅读器及其配套的电子书销售策略，大幅度降低了畅销电子书的价格，迅速占据了全球大部分电子书市场份额。美国司法部对此展开调查，尽管亚马逊大幅削减了畅销书和新书价格，但其电子书业务的利润依然稳健增长。调查发现，亚马逊虽可通过调整其他类别电子书价格或依托其他业务板块弥补因畅销书折扣造成的损失，但并未找到确凿证据证明其采用了跨市场交叉补贴策略，故司法部将其低价促销策略判定为良性的市场竞争行为。

实践中，追踪数字内容平台产品价格波动具有复杂性，且监管人员在数字化制作与销售环境下，难以沿用原有度量体系评估消费者对产品的使用体验和价格满意度。这意味着在数字化商品和服务的监管中，现行计量方法的有效性受到了挑战，系统监管实施时常面临较高的误差率和不尽理想的管理效果。

回顾历史，自20世纪70年代以来，反垄断监管框架日益重视市场竞争与消费者福祉的关联性，其中消费者价格成为关键的评估手段，而资产剥离、拆分等结构性调整措施在实际应用中显得力不从心。在美国，自克林顿时期以来，除了短暂针对微软在 Windows 操作系统中捆绑 Internet Explorer 浏览器是否违反反垄断法进行调查外，政府

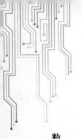

并未对潜在的科技巨头合并发起大规模的反垄断审查。例如，滴滴与Uber 的合并以及腾讯音乐收购海洋音乐集团（旗下包括酷我音乐等）均未遭遇显著压力。尽管出现了虎牙与斗鱼合并受阻、腾讯音乐经历经营者集中反垄断审查等案例，当前反垄断法在结构性救济上仍展现出一定的谨慎态度，更多地聚焦于对垄断协议的规制和对滥用市场支配地位行为的查处。反垄断制度框架在使用时对于事后管理的依赖性较强，无法对市场上不断出现的不正当竞争行为加以及时监管，一些企业的受监管情况遭到质疑，如对中国知网等企业的审查中面临的问题。同时，对于跨国界、跨领域数字版权交易和侵权行为，现行监管技术手段难以实现有效监控和打击。

事前审查机制是各国反垄断法律体系中防范市场垄断行为的一种重要手段，尤其在知识产权相关领域，为了避免知识产权权利的行使过度导致市场竞争受限，这一机制起到了关键作用。事前审查机制分为自愿申请审查和强制性审查两种类型，自愿申请审查机制允许行为人或交易主体在开展涉及知识产权的交易活动之前，出于对未来可能触及反垄断法规的顾虑，主动向相关部门提交审查申请。这种机制给予交易双方一个自我检查和调整交易结构的机会，以确保即将实施的行为不违反反垄断法的规定。例如，在涉及知识产权许可、转让或合作等活动中，可能存在搭售、捆绑销售等可能被认定为滥用知识产权的行为，通过事前审查，交易双方可以及时调整协议条款，避免触发反垄断红线。强制性审查则是在某些特定条件下，法律规定必须进行的事前审查，例如在经营者集中案件中，达到一定规模的并购或合资行为，必须事先向反垄断执法机构申报并通过审查后方可实施。

反垄断法在数字版权领域的有效执行能够产生多重积极影响，但是在针对平台经济适用反垄断法的过程中，应避免过度干预或者机械式执行，以免损害平台企业的正当权益和创新动力。平台企业在数字经济中发挥着至关重要的作用，它们创建了全新的商业模式和价值网络，对于经济增长、就业、技术创新和社会福祉有着深远影响。

首先，反垄断法的核心目标之一是维护市场竞争秩序，防止市场力量过度集中造成不公平的竞争环境。然而，在数字经济特别是平台经济中，一些看似具有市场支配地位的现象可能是由于技术创新、网络效应、规模经济等因素自然产生的结果，而非恶意垄断行为所致。因此，反垄断执法必须结合行业特点和市场结构，区分自然垄断与滥用市场支配地位的行为。

其次，尊重平台的合法权益意味着在执行反垄断法时要考虑平台的创新活动、投资风险和商业决策自由。平台在研发新技术、提供优质服务和拓展市场的过程中，可能会通过一系列策略构建竞争优势，包括并购、合作和设定平台规则等。这些行为在合法范围内应得到法律的保护，而不是一律视为垄断行为。

再次，反垄断执法应遵循比例原则和必要性原则，确保任何干预措施既能有效抑制潜在的垄断行为，又能避免对正常的市场竞争和企业发展造成过度抑制。这意味着在决定是否采取审查和执法措施时，不仅要考虑市场竞争状态，还要充分评估可能对平台长远发展和技术进步产生的影响。

最后，随着数字版权产业的跨国性和跨境性，反垄断规制变得复杂，国际的法律差异、跨境数据传输、司法管辖权等都可能成为规制

垄断时的难题；在数字环境下，垄断行为的表现形式更加隐匿，证据获取与证明难度加大，例如通过算法实施的隐性价格歧视、市场划分等，这给规制机构获取证据、证明垄断行为带来很大困难；以及消费者福利的衡量，在数字经济时代，消费者福利不仅体现在价格上，还包括产品质量、服务多样性、数据隐私保护等多重维度，这对反垄断规制的效果评估提出了新的要求。

版权人应享有对自己作品自由处置、自主授权及获取收益的权利。然而，在高度集中化的数字内容平台上，平台往往会利用其市场优势地位对创作者的版权处置权、授权决策权以及收益分配权产生影响，有可能构成滥用市场支配地位的行为。因此，建立和完善事前审查机制，对于维护版权人合法权益，防止平台滥用知识产权导致市场垄断，促进数字版权产业的公平竞争和健康发展具有重要意义。反垄断审查部门在收到版权人提交的交易协议等材料后，应进行全面、细致的审核，确保知识产权的行使既尊重和保护了创作者的权益，又不妨碍市场竞争机制的有效运行。

在具体审查中，建议成立跨部门联合工作组。鉴于版权问题与反垄断问题相互交织，政府部门应组建由版权管理部门、反垄断执法部门、科技部门、司法部门等多方参与的联合工作组，共同研究和解决数字版权产业垄断问题。此外，在国际层面积极推动版权与反垄断法律法规的协调一致，参与国际版权与反垄断规则的制定，加强跨境执法合作，共同维护全球数字版权市场的公平竞争环境。

3. 结构主义的审视

自从芝加哥学派将行为救济的观念上升为主流学术范式以来，价格理论已成为反垄断法的理论基石，极大地淡化了市场结构的重要性。该学派的焦点并未固守在静态的垄断状态，而是深入探讨了垄断渐进形成和维持的内在机理，认为产业结构、企业规模和市场集中度的形成实际上是资源配置优化和市场自由运作的自然产物。与哈佛学派（结构主义）侧重从产业结构角度审视市场竞争状态不同，芝加哥学派坚信非行政性垄断的生成往往伴随着效率的大幅提升，多数情况下垄断现象具有良性特征。尽管占据市场主导地位的企业有可能滥用该地位，但他们认为，这种不当行为所带来的高额利润会吸引更多竞争者进入市场，而且滥用市场支配地位的现象难以长期持续；因此，反垄断法应当坚守原初的理念和准则，仅在必要时采用结构性救济手段。

在网络服务行业，一些学者倾向于将市场支配地位视为良性垄断现象，即使企业市场份额高度集中，但只要这种集中并没有实质性损害社会总体福利和消费者福利，就不应受到严格管制。这有助于解释互联网行业因网络效应特质所导致的部分企业市场占有率极高、"赢家通吃"的市场特色。在数字内容平台的版权集中行为中，单纯依赖行为救济方式可能导致结构性救济的优点被忽视。弗兰克·伊斯特布鲁克在错误成本理论框架下，精练地解释了司法系统为何倾向于实施行为性补救措施。他认为，如果司法系统错误地否决了那些实质上能提高效率的行为，那么这些行为所带来的社会福利将丧失；相反，如果司法系统对实际有害的行为放任不管，社会福利会遭受损失而不被

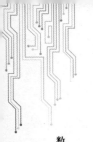

察觉。也就是说，相对于误判那些能提升效率的行为，误判那些能削弱效率的垄断行为所造成的损失更大，原因在于结构性补救措施一旦失误，纠正难度大，而市场自身却能逐渐校正被容忍的垄断行为。错误成本理论立足于垄断行为内在的自我纠正性原理，即在没有进入壁垒的条件下，垄断者通过提高价格会刺激潜在竞争者的进入，从而在长期内削弱自身的市场实力。然而，版权集中形成的垄断情形不具备此种自我纠正性，因为在一定时间段内，电子书库、学术文献库及音乐库等版权资源有限，新进市场的竞争者若想与现有市场主导的数字平台相抗衡，必须积累同等规模和质量的资源，或者能够提供足够匹敌市场主导运营商的大规模版权资源库。这样一来，拥有市场支配地位的数字内容平台利用版权集中的优势，令潜在竞争者面临巨大的市场挑战，资源匮乏的竞争者可能只能获取少量或品质较低的版权资源，甚至被迫退出市场。以亚马逊在美国电子书市场占据逾60%份额为例，导致其他竞争者市场份额骤减甚至彻底退出市场，如索尼退出美国电子书市场，Barnes & Noble 减少了约74%在阅读器领域的投资。在中国，互联网平台间独家版权的竞争导致诸多小型音乐平台，如多米音乐，由于无法满足在线音乐播放市场版权规模的最低要求而相继退出市场竞争。

（1）难以确定"相关商品市场"中的"商品"内涵。基于前述对于版权与垄断的关系分析，首先要界定垄断的性质。反垄断法在对企业的垄断行为进行规制时最明显的标志就是版权滥用。王先林（2013）指出，版权滥用情况出现后，并非会触碰到《中华人民共和国反垄断法》的红线，然而，如果权利人的行为产生垄断效果，那么可以肯定其存在滥用版权的行为。如果是版权正当使用但由于版权保护过度而引起的集中，应当对其加以限制，理由则源自经济分析。按照传统反垄断分析范式处理数字版权产业反垄断问题时，需对相关市场进行界定。然而，从消费兴趣理论视角看，消费者个体差异的精神需求直接影响并限制了相关市场理论的科学适用性。互联网行业的创新成本较低，创新带来的回报较高，成果转化也更加迅速。与此同时，技术的快速发展也模糊了产品之间的边界，同类型的互联网产品逐渐变得相似，不同类型的产品也出现了越来越多的功能交叉和融合。这给相关产品市场的定义带来了巨大挑战。

对于相关商品市场的定义，科学界定的前提是明确"商品"的具体指向。然而，在数字版权市场中，由于作品内容的抽象性和经营者的混业经营情况，科学界定"商品"的指向变得更加棘手。在数字版权环境下，商品指的是经营者提供的带有版权内容的数字产品，或者以提供带有版权信息的相关内容为主要目的的渠道媒介服务。然而，令人困扰的是，数字技术的出现将作品内容转化为可存储和传输的数据，导致同一款运营软件或客户端上存在着不同经营者拥有的版权资源，这些资源可能存在同质化甚至相同的作品。然而，对于有不同消费需求的消费者来说，不同作品承载的信息内容价值是完全不同的。因此，探讨数字内容产品市场时，关键问题是确定商品之间的竞争关系。这不仅直接影响市场竞争的性质，还会对相关市场的具体商品范围产生影响。

因为消费者的兴趣有所不同，即使是在相同领域和题材下，作品可能因为消费者的偏好而产生巨大的差异。这种差异导致"商品"范

围的界定结论也不同，从而影响相关市场的确定。过去，将作品版权资源视为同一类商品，可能会导致对版权所有者竞争内容的错误理解，并扩大版权相关市场上可能存在竞争关系的商品范围，进而引发有关独家版权是否构成垄断的争议。在实际操作中，人们对此存在不同看法。根据《关于相关市场界定的指南》（以下简称《指南》）第 3 条第 4 项规定，商品在界定相关市场时，除考虑市场关系外，还应考虑其生产周期、使用期限、季节性、流行时尚性或知识产权保护期限等特征，其中时间性是一个不可忽视的因素。在信息时代，尽管"物质消费需求替代"思路是可行的，但却会使不同作品的文化价值和信息价值被等同对待，这是不合理的。因此，在数字版权领域，要公正地确定竞争关系的"商品"以确立相关市场准则是一个具有挑战性的任务。

（2）"相关商品市场"需求替代性分析失灵。依据《指南》第 3 条第 2 项规定，相关商品市场是由需求者认为具有较为紧密替代关系的一组或一类商品构成的市场，其构成因素包括商品特性、使用目的和价格等。根据《指南》第 5 条的规定，需求替代程度从需求者的角度来确定不同商品之间的替代程度，具体考虑因素有商品功能和用途的需求、对质量的认可、对价格的接受以及获取的难易程度等。在版权相关市场中，为了确定不同作品或版权服务是否能构成相关商品，必须遵循《指南》第 4 条的要求。该要求是从需求者的角度进行需求替代分析，以证明不同商品之间存在满足消费者需求的替代供给关系。但是，在数字版权领域，由于不同作品和版权服务满足了不同消费者的精神文化消费需求，因此，从不同的消费者视角考虑，可能会得出各种不同的需求替代性分析结论。不同的作品能给消费者带来完全不同的情感体验，因而导致了消费群体的差异化和相关市场的收缩。这种现象可以归因于文化体验的独特性。相关市场指的是工业时代的物质市场，在当前的数字化环境中，尤其是在以"数字＋版权"为背景的情况下，其适用性已经不再具有强大的影响力。从以上论述可知，需求替代性分析在这里没有效果，原因在于创新作品所提供的信息独特且无法替代。因此，传统的替代性分析方法不适用。这一现象的起因是版权市场和物质商品市场存在明显差异。版权行业是典型的内容行业，忽视消费者喜好偏差和受众对作品内容及精神体验感的差异，必然导致相关市场结论的偏颇。

在评估数字内容平台限制性竞争对市场结构产生的收益时，不应忽视两种类型的收益：经济性收益和非经济性收益。首先，从经济性角度看，结构性补救措施减少了对长期监管的依赖，并且往往以更高效的方式执行。其次，多个平台服务商共存增强了消费者的选择多样性，降低了消费者被单一平台锁定的风险，若有任何不利于消费者福利的行为出现，消费者能够以相对较低的成本转向其他平台。再次，各平台间的价格竞争具有信号功能，便于监管部门感知市场竞争态势的变化。最后，非经济性收益方面，适度竞争的市场结构有助于平台分散版权获取风险，保障消费者接触多元来源作品的权利，从根本上防止权力过度集中。鉴于自然垄断现象的衰减以及事后监管机制的强化，对垄断行为的证据收集日趋艰难，因此，预先实施"结构救济"在管理中变得越来越重要。在单一卖方依靠版权集中即将确立垄断地位之前，反垄断法应及时介入，维护有限竞争的市场结构，确保消费

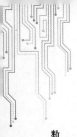
者能够在多个平台享受广泛的选择权。

4. 反垄断除外制度的精准化指向

版权保护原本旨在激励创新，但在数字经济环境下，垄断可能成为阻碍创新的因素。如何在保护版权和鼓励竞争、激发创新之间找到平衡，是反垄断规制的一大难点。版权法和反垄断法都以促进创新和提升消费者福利为共同目标，致力于克服市场失灵以实现社会福利最大化。尽管如此，二者在价值取向上并非互斥。然而，私法注重救济，公法则关注监督，因此在立法目的、方法和程序上存在差异。一般而言，反垄断执法机构的目标是使市场中具有更多的竞争，而版权法则希望给予版权更多的保护来激励创新。滥用数字版权并对竞争施加限制的行为也属于反垄断法的规制范围。处理反垄断与版权的核心问题在于评估版权是否被滥用，以及该滥用是否导致竞争受到限制。

《中华人民共和国著作权法》主要保护独创性作品，对作品创作过程一般不干涉。然而，在使用数字技术创作汇编作品和多媒体作品时，常会大量使用版权作品，如汇编、改编原作品，这并不构成片段使用。在模拟技术条件下，该使用方式并不会引起太多问题。以汇编作品为例，涉及的范围比较狭窄，在模拟技术条件下，逐一获得原权利人的授权相对较为简单。然而，基于数字技术创作的汇编作品，如数据库等，由于涉及许多享有版权的作品，获取每一份作品的授权并付出相应的成本变得更加困难和昂贵。总体而言，目前的作品传播基于"授权许可机制"，根据现有技术条件，除了作者之外的其他人如果想要传播享有版权的作品，就必须获得作者的许可并支付相应的费用，而这在数字版权运行中的操作难度巨大。在一些国家和地区，关于数字版权产业的法律法规尚不完善，对版权资源的获取、使用和传播等方面的规定不明确或执行不力。这为一些企业利用法律漏洞进行版权垄断提供了便利。一些大型媒体公司和版权所有者利用法律漏洞或影响力，争取更长久的版权保护期限和更严格的法律规定，从而形成版权垄断。法律法规和政策环境对数字版权产业版权的垄断问题具有重要影响。在某些国家和地区，版权法律法规不完善，执法力度不严，导致盗版和侵权行为频发，损害创作者的权益。同时，一些政策可能倾向于支持大型平台的发展，而忽视对小型创作者和竞争者的保护，这也加剧了市场上的垄断现象。

虽然《中华人民共和国反垄断法》指出经营者依照有关知识产权的法律、行政法规规定行使知识产权，排除、限制竞争的行为，适用本法。然而，数字内容产品的内容提供者是否被要求转让版权也是竞争政策需要厘清的一个环节。当权利人的版权并未进行独家授权时，其能够自由地在不同的平台间转移，并不会受制于既定的平台，内容的接受者也不会因内容的分享范围而被锁定。相反，当版权被独家授权给某一特定平台时，该平台就形成控制而构建了单归属环境。这种单归属的内容提供环境限制了平台间的竞争，同时约束了内容接受者的选择路径。

现阶段反垄断法将知识产权与自身之间的关系进行明确的规定，同时，对于知识产权和知识产权使用行为的划分并不充分，导致人们对于反垄断法中的除外制度存在误解。正如 Ariel Katz 所言，垄断力量与垄断行为并非一致。鉴于知识产权作为合法的"垄断力量"，并

不受反垄断法制约，而知识产权的不当使用是市场垄断与知识产权行使相结合产生的新现象，知识产权使用不当与市场垄断行为相比较，在结构上存在一定的区别，应当通过反垄断规则来对该行为进行控制和分辨。知识产权、知识产权使用不当及引入反垄断规制这三者之间的关系应界定为：知识产权使用不当主要是存在知识产权这一主体，但知识产权存在的本身并不是产生使用不当这一行为的必然要素；知识产权与反垄断规则之间的关系并不会互相干扰，主要原因是知识产权属于私法中的财产类权利，而反垄断规则属于公法中的执法权力；由于知识产权使用不当而形成对竞争的排除或限制，则会引入反垄断规制。

为了激励和保护创新，知识产权法赋予特定主体排除他人运用其创新成果的权利（财产权）。这种权利实质上是一种合法的垄断。然而，反垄断法明确规定，必须严格抵制限制竞争的行为或做法，并倡导市场参与者的自由竞争和创新发展。因此，当权利主体滥用知识产权或无法参与市场竞争时，反垄断法将予以处理。数字版权的保护必须在鼓励创新和防止垄断之间取得平衡。过度的版权保护可能导致市场进入壁垒过高，妨碍新进竞争者和创新型企业的成长，形成实质性的市场垄断；而版权保护不足则可能削弱创作者和投资者的信心，抑制内容创新的动力。因此，理论研究需要探讨如何科学设定版权保护的强度和期限，以保持市场竞争力和创新活力，同时防止市场权力过度集中。数字环境下版权价值评估的理论研究空间广阔，需要结合经济学、法学、信息技术等多学科视角，构建适应新时代特征的版权价值评估模型和保护机制，以确保版权保护既能激励内容创新，又能促进市场竞争与社会整体福利的提升。

　　在数字版权领域，尤其是涉及流媒体音乐服务、视频内容分发等市场时，界定相关市场的边界是一项艰巨的任务。这是因为数字产品和服务往往跨越多个市场领域，例如音乐流媒体服务既涉及音乐版权，也触及互联网服务、移动应用等领域。这种交叉性使得确定一个清晰的市场范围变得困难。市场边界的模糊直接影响了市场份额和市场力量的评估，这对于判断是否存在市场支配地位以及是否滥用这种地位至关重要。例如，在评估一家音乐流媒体服务提供商的市场地位时，如果仅考虑音乐流媒体市场，其份额可能较高；但如果将其置于更广泛的数字娱乐或互联网服务市场中，份额则可能显得较小。因此，准确界定市场边界是反垄断执法中的一大挑战。

　　数字平台的特性，如网络效应和规模经济，显著提高了市场的进入壁垒，这意味着即使一家公司在某一细分市场并不占据绝对主导地位，也可能因这些效应而拥有市场支配地位。网络效应指的是平台上的用户数量越多，该平台对新用户的价值越大，从而吸引更多用户加入，形成正反馈循环。规模经济则体现在数字平台可以通过较低的边际成本为大量用户提供服务。这些特性使得新进入者难以与现有大平台竞争，即使市场份额相对较小的平台也可能对市场施加强大的影响力。评估市场支配地位时，不仅要考虑市场份额，还要深入分析网络效应、规模经济等因素，判断是否形成了不公平的竞争优势，这对执法机构提出了更高要求。

　　平台型企业往往拥有海量数据和先进算法，这些资源为其提供了行业优势。然而，这些数据和算法的操作过程往往是不透明的，这给

147

反垄断执法带来了重大障碍。平台可能利用数据和算法进行自我优待，例如在搜索结果中优先展示自家产品或服务，而这种行为往往难以直接观察和量化。此外，由于算法设计的复杂性和专有性，执法机构在取证和评估其对市场竞争的影响时面临巨大挑战。如何确保数据和算法的公正使用，防止平台滥用其优势地位，成为反垄断执法中亟待解决的难题。

在数字版权领域，保护版权与促进创新和竞争之间存在着微妙的平衡。版权法旨在保护创作者的权益，激励创作和创新；而反垄断法的目标是维护市场公平竞争，防止市场被少数企业控制。这两套法律体系在某些情况下可能存在冲突。例如，严格的版权保护有时会导致版权持有者滥用其地位，限制内容的分发和使用，从而阻碍创新和竞争。相反，过度放宽版权保护则可能削弱创作者的动力，影响内容的生产质量与数量。因此，执法者必须在保护版权和促进市场活力之间找到合适的平衡点，确保既能激励创新，又能维护公平竞争的市场环境。

数字版权和反垄断问题往往超越国界，涉及全球市场。不同国家和地区对于版权保护和反垄断的法律标准存在显著差异，这给跨国公司带来了复杂的合规挑战。例如，一家在全球范围内运营的数字平台可能在某些国家被视为具有市场支配地位，而在其他国家则不然。各国的执法机构在评估市场支配地位、处理自我优待行为等方面的标准和程序各不相同，这增加了跨国公司统一应对策略的难度。此外，不同地区的版权法和反垄断法之间的协调问题也日益突出，如何在尊重各国主权的同时，实现有效的跨国监管合作，是当前和未来反垄断执法面临的重要课题。

综上所述，数字版权领域的反垄断执法面临着一系列复杂而深刻的挑战。无论是界定市场边界、评估市场支配地位，还是处理数据和算法的透明度问题，或是寻求创新与竞争之间的平衡，都需要执法者具备高度的专业知识和敏锐的洞察力。同时，面对国际协调问题，各国需加强合作，共同探索适应数字时代的反垄断法律框架和执行机制，以维护全球市场的公平竞争和健康发展。

第三部分

法经济学视角下的政策与实践

第七章　数字版权反垄断的政策设计

一、法律框架的完善

版权人有作品的所有权，实际上可以看作版权人本身对其作品具有垄断性。上述垄断行为的出现，给版权的合理使用以及权利保护带来了极为严重的负面影响：首先，使应用知识的交易成本提升，比如，若所有作品的使用都需与原创者取得联系与认可，那么势必会增加时间精力与财力，作品资源的流通运用也会受到限制；其次，这种垄断权力的出现，会让版权人对作品肆意定价，即使价格管理对于维护版权人的知识劳动成果极为有利，使其能够从知识创作中获取本该属于自己的报酬，但对作品的肆意定价可能使定价远超市场价格，从而阻碍其他想要进入该市场的竞争者。作为版权人，在回收付出的知识创作成本的同时，能够继续获得后续的收益。这导致作者可能对作品质量关注减弱，而对收益和权利保护更加看重。正如黄镕（2012）指出的，在知识传播过程中，版权人所拥有的垄断权力严重限制了优质知识资源的价值发挥，使其最大社会功用无法体现。

（一）防止垄断绝对化原则

避免垄断更加绝对化，表现了在知识产权法领域民法禁止滥用权利的相关原则。在民法中，规避垄断绝对化的理论前提就是禁止滥用权利。知识产权属于法律的范畴，抑或国家根据法律法规赋予的独特权利，其自身具备垄断的特性。权利的另一面则是市场，此处提及的市场既指的是知识产权的相关交易和专用权的相关市场，也是借助标识、专有技术等不断增值的产品或者服务，从而构建的庞大运营市场。因此，在大量的知识产权矛盾中，抢占的不只有名分，还有市场，抑或进入市场的权利。一部分诉讼案件的原告，在诉讼过程中申请的权利可能不够确切稳定，在程序中设法主张保全措施与禁令，也可能在实体上最大限度要求高额赔偿。或者他们的减损存在一定限制，但竞争者却因此面临巨大压力。如果忽视了限制权利，那么势必会因垄断而产生危害。

为了对知识产权的专用性、市场公平竞争的需求、产品的自由流通进行制衡，知识产权理论及实践中都进行了相关权利的限制。如权利穷竭（或称权利用尽）制度，就涉及版权（著作权）、商标权、专利权等领域。这一制度使得权利人无法肆意控制批发分销和零售的各个市场环节，甚至榨取使用者的额外费用，有效阻止形成过度的市场垄断利益。权利限制并不意味着全面去除了知识产权的垄断性，而是需规避绝对化的出现，实现良性发展。

禁止滥用权利原则最先源于衡平法，禁止权利拥有者以知识产权为理由获得相应的排他权。[①]20世纪90年代初，在 Inc. v. Reynolds[②]等案例中，美国法院在判决中提出认定版权滥用要考虑行使权利的过程和方式是否符合版权授予的公共政策要求，而不仅仅考虑其是否违反反垄断法。1996年，Magill案的审判结果对欧洲信息领域产生重大影响，欧洲共同体法院明确表示，不应支持以版权保护为理由阻止公平市场竞争的行为。根据判决，企业在特定市场取得支配地位时，并不能将其支配权延伸至其他相关市场。[③]反垄断法的建立是结合社会实际利益为出发点进行考虑的。反垄断法的使用与知识产权的保护一个维护的是公共利益，一个维护的是个人利益，所以二者之间势必相互对立。两部法律在使用时表现出来的矛盾与冲突，实质上表现的是公共利益与个人利益在遇到某种特殊情况时呈现出来的矛盾。怎样把握二者之间的平衡，维护各自利益是正义所需要进行的取舍与思考。在市场经济背景下，遵循保护民事权利的原则，以及禁止滥用权利的法律原则，贯穿于整个经济法治的始终。在使用知识产权时，也应当重视司法领域中的相关规定，防止其出现权利滥用的情况，保护法律的威严性与权威性。所有权利的使用与行使会有一定的规则对其加以限制与管理，法律在建立之初就已经对其行使范围作出界定。知识产权也是如此，在行使其自身具备的民事权利时，使用者也应在规定的范围内使用该项权利。假如使用知识产权对公平竞争进行约束或限制，则违背了该项权利的适用范围使得权利滥用发生。

---

① See Microsoft Co. v. Computer Support Services of Carolina, Inc. and Don Perera, 123 F. Supp.2d 945（W.D.N.C. 2000）.

② Lasercomb America, Inc. v. Reynolds, 911 F.2d 970（4th Cir. 1990）.

③ Cases C–241/91P&242/91P, 1995 E.C.R.I 743（C.J.）.

版权的保护对象是个人权利，而反垄断法则是在维护公共秩序。当版权保护的行为对公共利益和消费者福利造成损害时，反垄断法则需要进行平衡。易继明（2013）指出，保护行为和侵权行为之间存在明显的对称性。当行为超出这种对称性时，应该受到限制。然而，如果权利人的行为是合法的，并且能够增进技术进步和人类福祉，那么就不应该受到限制。

（二）合法限制原则

限制知识产权的权利，需要与法律制度的普遍规定、基本原理或相应条款相吻合，这就是合法限制。因为权利限制的管理主体为知识产权人，所以势必会对其正当权益构成显著的影响，如不对其赋予法律意义，那么就会让权利限制的使用缺乏边界，引起限制举措的滥用损害权益人的实际利益。一些学者强调对知识产权的权利进行限制时，需要在具体的法律制度基础上展开，法律需要对限制的期限、范围以及程度进行细化。考虑到权利保护方面，这类要求有一定的合理性。但要求每个限制措施都有相对应的法律制度为其提供保障显然是不可能的。对立法技术而言，其能根据社会的发展改进、增添相应条款，对以往的制度进行补全，但无法对现实世界中逐步改变且迥然相异的情形做到面面俱到。不论是判例法还是成文法，均无法全面预测未来将要发生或立法者考虑不周的事情。实践中，针对知识产权进行公共秩序保留时，通常缺乏明确的法律制度作依据，可以应用的法律规定仅有一般条款。但这些条款较为模糊、笼统，无法细化权利限制的期限和相应范围等，适用范围却十分广泛。所以，司法在法定原则的基础上，对权利限制的相关要求进行自由裁量也是合理的。与此相反，对知识产权的侵权行为进行研判时，原本就有明显的主观判断存在，在执法者、技术专家中都会有自由裁量的情形，因此在思维上势必要借助推理的模式补偿立法技术无法触及之处。

在沃尔玛诉家之宝等企业商标侵权和不正当竞争的案件中，原告要求法官认定沃尔玛公司的文字注册商标为驰名商标，申请进行跨类保护；法官尽管同意了这一申请，但由于在同类商品中已经有第三方抢先一步注册了与沃尔玛相类似的商标，因此法院只得根据《中华人民共和国商标法》中相关规定对立法原意加以阐释，表示在相同类型的商品上，只能有唯一的商标专用权，就算驰名商标具有一定的被保护性，也无法逾越《中华人民共和国商标法》的规定。从而可知，在实施权利限制策略时，可将法律的相关规定视作原则性条件，但还需借助一般条款进行辅助。以上方式均体现了合法限制原则，与民法解释学中的一般理论也相吻合。

（三）有限限制原则

对知识产权而言，无论添加哪种类型的权利限制，均不可无视权利人基本的专有权，反对权利限制的行为旨在避免限制措施的不正当使用。从版权角度看，《伯尔尼公约》和 TRIPs 协议在法律层面对其进行了具体的规定。权利限制对于实现知识产权并没有任何影响，反而旨在界定知识产权的合理实践边界，以有效行使权利，而不是阻碍知识产权的实施。同时，权利限制应当在合适的限度内进行，并不能违背知识产权的实现，并且不能随意损害知识产权人的合法权益。有关知识产权的权利限制，国际和国内法律规范都设定了一些条件。例如，TRIPs协议规定了药品专利强制许可的反限制措施，而《中华人民共和国著作权法》则对合理使用实施了多项具体适用条件。为推动社会发展和促进文化技术创新，知识产权制度必须加强保护，同时保持一定的排他性。对权利的限制也应当在适当的范围内控制。

二、交易成本理论在数字版权产业反垄断规制中的运用

科斯定理强调，若权利配置模式受交易成本制约，会对社会福利造成一定影响。若交易成本过高导致许多潜在交易未能实现，也将损害社会福利。Scotchmer S.（1998）指出，版权法导致思想市场的供给形成垄断配给，这种配给往往会导致思想市场供给的扭曲，增加后续创作者的成本，由此可能会阻止个人或小型企业使用本来可以获得的作品，影响后续创新。数字时代，技术的进步使得人们的创作能力得到大幅提升。特别是通过混合、拼贴等多种方式创作的作品越来越多。William Patry（2019）指出，这种方式对版权持有人的潜在侵害较小，但在现行版权保护制度下，却难以获得合法保护。用户的内容生成和分发能力不断增强，越来越多个人用户免费分发他们创作或生成的内容，社会公众也能从中获益。然而，这些内容受到版权的限制可能会

产生影响。Brett M. Frischman 和 Mark A. Lemley（2007）指出，在获得许可的情况下，个人需要承担与取得许可相关的交易成本和费用，这说明版权市场存在缺陷。由于寻找版权所有者并与其签署许可协议的成本较高，用户可能无法合理地表达他们的创作或生成的内容。在 Williams & Wilkins Company v. The United States 案 ① 中，法院判定国立卫生研究院和国立医学图书馆复制和分发原告期刊的论文是合理使用，其中一个重要原因是只为一篇论文进行许可的交易成本过高。

在交易成本及相关社会成本高昂的情况下，仅允许版权所有者和使用者根据现有的法律框架自由许可并不能带来社会最优状态。与知识产权相关的高交易成本不仅损伤了创作者的积极性，而且导致分配效应越来越不平等。与个人和小型企业相比，大型平台更容易获得版权许可，却将费用转嫁给消费者。Niva Elkin-Koren（2012）指出，如果个人和小型企业的创造受到抑制甚至被扼杀，那么可能对创新的本质和文化的未来造成深远的影响。因此，反垄断法应当密切关注版权人可能在非价格竞争领域采取垄断手段的行为，以避免产业生态的萎缩。以阅文集团案件为例，版权人与出版方之间的力量存在巨大不平衡，版权制度原本旨在保护作者的权益，然而却无形中加强了出版方和平台的实力，导致版权人的权益受到了损害。

数字资源服务平台在为消费者提供无偿服务时，旨在争取关注度，并不收取费用，从而使以往的测度工具无法发挥作用。即使某主流平台在市场上具有支配地位，免费策略的使用依旧可以使其获得经营的

---

① Williams Wilkins Company v. Unified States 487 F.2d 1345（Ct. Cl. 1973）.

最佳价格。大部分数字资源提供商通过广告助力免费活动的开展，在所选择的免费消费群体中获得巨额收益。主流平台无偿将具有价值的产品与服务提供给消费者，为取得更多的关注度。价格歧视通过差异化的价格销售产品，免费体验的推出，能够让部分消费者从中获得更多的消费满足感，而付费用户从中获得的体验较差。相关监管机构与法院因缺乏数据信息，想要合理识别两种类型的消费者，同时测度价格歧视是否存在违规行为，如同管中窥豹一般，在垄断的事后价格监管方面存在一定难题。例如，腾讯音乐的经济收益主要源自专属会员、付费订阅、在线 K 歌音乐社交以及广告收益等。在当前环境背景下，将价格与产出作为解析架构的测评手段，使得反垄断职能部门无法准确把握运营者的整体实力与优势，事后监管这一手段也无法顺利进行，难以识别与评估网络服务商是否进行了利用市场支配地位的垄断。

上述分析都围绕版权自身垄断性质展开，而版权不仅影响企业自身，也对上下游市场和相关延伸服务产生影响。如长、短剧本，长、短视频之争，反映出创新市场的博弈。在澳大利亚 ACCC 案件中，Facebook 因涉澳洲媒体版权问题，封杀澳洲媒体，使得本地媒体难以生存，版权问题将导致整个产业甚至社会生态的变化。在美国 iCrave TV 案中，iCrave TV 已将受版权保护的节目（如职业橄榄球和篮球比赛）以 iCrave TV 的广告为框架，通过流媒体的方式传输给了美国的互联网用户。流媒体技术使 iCrave TV 可以从美国的电视台捕获美国的节目，将这些电视信号转换为计算机数据，然后从其网站通过互联网进行流传输。版权人向法院提起诉讼，要求对此类传输行为进行限制。互联网流媒体提供全新的商业机会，挑战现有的许可方案，并允许国际覆盖、交互和自定义。权利人试图控制这种新的分配方法，并保持对渠道的绝对控制，将知识产权用于战略收益。美国法院根据1976年版权法，对此类行为给予强制许可，成功地将报酬和控制权分开。在谷歌图书案中，出版商提起的诉讼以及出版商与谷歌之间达成的和解协议，从战略上利用知识产权。图书出版商可以将谷歌图书计划视为免费营销，从而使消费者在书城内进行搜索并有效地确定他们需要购买的图书。谷歌提供的服务与全文无关，因此不能代替购买该书的副本。获得出版商许可的全文访问可以进一步使世界范围内的消费者更便捷地阅读并购买图书。总体而言，这可以被视为扩大图书市场的机会，并且有可能真正提高出版商从其销售中获得的收入。然而，出版商坚持认为，任何使用图书的行为都必须事先获得许可，并且反对谷歌提供的退出系统，该系统使出版商能够发出通知，使谷歌删除其图书。

Niva Elkin-Koren（2012）指出，信息商品的专有权赋予权利人在信息市场上的战略优势，使他们能够对信息商品行使控制权，这些权利远远超出了法定权利范围以及法律所要达到的目标。Lessig（1999）指出，知识产权法所服务的主体不仅包括权利人本人，也应包括其所创作的作品。Depoorter Ben 和 Parisi Francesco（2002）指出，即使在零交易成本环境下，合理使用原则仍能保持有效的效率。合理使用在减少由版权所有者战略行为所引起的福利损失方面发挥重要作用，即使可以免费转让版权许可（例如，在无偿点击和付款的计算机世界中），版权所有者的战略行为仍然会造成对竞争的不利影响。

三、维护创新生态系统、保障市场竞争与消费者权益的重要性

垄断会损害市场竞争，使其他小型创作者和竞争者难以进入市场，也可能导致消费者无法获得某些内容或服务，或者面临过高的价格。在缺乏竞争的市场环境下，消费者可能无法享受多样化的内容和服务，其选择权和利益也会受到损害。此外，垄断还可能导致一些企业滥用市场地位，进行不公平的商业行为，进一步损害消费者的权益。市场呼唤稳定的产权配置和法律规制。应当运用福利经济学和社会成本效益分析方法，量化垄断行为对消费者剩余、生产者剩余、社会总福利的影响，并探讨其对市场竞争和创新效率的潜在抑制作用。

版权是创作者的重要财产权益，规制垄断有助于保护创作者的合法权益，激励他们持续创新。规制垄断有助于促进文化多样性，防止某些大型平台通过控制版权来限制或操控文化传播、提高价格或减少选择，维护市场竞争，促进创新和发展。数字版权产业垄断的出现，对创作者带来了深远的影响。在垄断者的掌控下，创作者的作品可能受到不合理的定价和分配，削弱了创作者在数字经济中的地位。对消费者而言，数字垄断者通过控制数字内容的市场，有可能限制消费者的选择，提高数字内容的价格，并可能滥用其垄断地位，影响公平竞争的基础。垄断者针对数字版权的行为也牵涉对文化多样性的威胁。由于垄断者的审查标准和商业利益，特定类型的数字内容可能更容易得到推广，而其他有潜力的创作可能受到忽视。这不仅是市场效率的

问题，更关系到社会对各种文化形式的平等尊重和保护。

在数字版权产业的生态圈中，主体主要有版权人、版权消费者、平台，而生产消费者颠覆传统主体关系，其既是内容生产者，又是内容消费者。如 UGC、PGC、PUGC 等新概念的出现即是对新创作方式和创作主体的指称。数字版权时代，创作者也是评论者，同时还是其他内容的传播者，其进行的创作通常是微创作，占用资源较少，对原版作品的改进程度也较为细微，而其营利性和非营利性也存在一定的边界模糊。如果让这些生产消费者承担较高的版权使用费，无疑会打击其创作的积极性，不利于大量内容的创作和再创作，即使对原有创新主体加以保护，也不利于激励更大范围、更为广泛的创新。而数字版权产业的繁荣正是由无数创作主体共同推动形成的，如果创新主体的积极性受到挫伤，将影响数字内容产品的创作环境，不利于产业生态健康发展。

除此之外，数字版权产业垄断问题还引发了对知识产权保护和反盗版的争议。垄断者通过强大的法务团队保护其数字内容的版权，这在一定程度上是为了维护创作者的权益。然而，在这个过程中，一些垄断者可能滥用知识产权，制定过于严苛的版权规定，限制了信息的自由流动和公共获取信息的途径。在垄断状态下，合法获取途径有限且昂贵，可能会刺激非法市场的发展，如网络盗版等现象增多，损害了原创者的合法权益，同时也破坏了数字经济秩序。在这个背景下，对数字版权产业的反垄断规制变得尤为迫切。面对快速发展的数字经济，现有的版权法律体系亟待调整和完善，以适应新的商业模式和技术环境，否则容易出现执法困难和漏洞。

四、消费者福利影响的实证分析及社会公众诉求调查

为全面深入了解消费者对数字版权产业垄断的认知，研究采用问卷调查方法，面向数字内容产品的消费者开展广泛调研。共收集来自30个省（自治区、直辖市）的有效问卷1027份。

根据答题情况，参与调查的消费者中，年龄在25~34岁的居多，有327人，占答题总人数的31.84%；18~24岁的次之，有250人，占答题总人数的24.34%；18岁以下的208人，占答题总人数的20.25%；35~44岁的162人，占答题总人数的15.77%，45岁以上的为80人，占答题总人数的7.79%。关于消费的数字内容类型，调查结果显示，在线教育课程、学术资源占比最大，数字音乐与流媒体服务次之，数字艺术品、VR/AR内容，电子书、在线杂志与新闻居后，具体如图7-1所示。

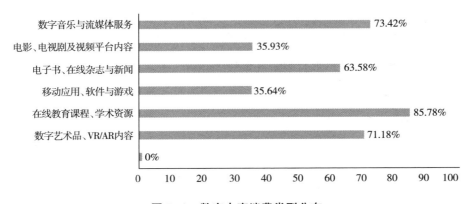

图7-1　数字内容消费类型分布

关于数字版权产业垄断企业存在滥用市场优势地位的行为，如独家授权、排他性协议、捆绑销售等，消费者普遍认为"经常发现此类行为"（占总答题人数的45.18%），"有时会发现"（占总答题人数的37.39%），而只有17.43%的消费者认为"很少看到"，如图7-2所示。由此可以看出，消费者对数字版权产业垄断存在较为一致的认知，认为这种行为确实存在。

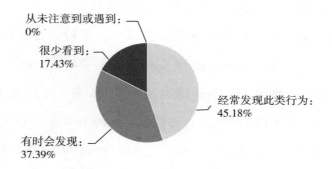

图7-2 消费者对数字版权产业垄断的认知

在消费者对数字版权产业垄断看法的调查中，在被问及"您是否认同当前数字版权产业存在垄断现象，导致特定内容或服务获取难度增大？"时，有383人选择"较为同意"，294人选择"完全同意"，194人持中立态度。比例如图7-3所示。综合来看，可以看出大部分消费者对数字版权产业的垄断现象较为认同。

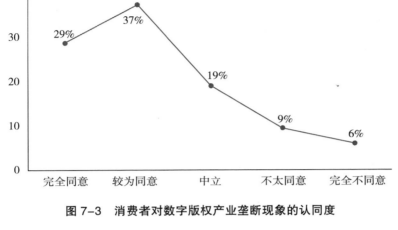

图 7-3　消费者对数字版权产业垄断现象的认同度

关于近一年内数字版权产业垄断对自身购买或访问的影响,有 49.17% 的消费者表示经常遇到,41.09% 的消费者表示偶尔遇到,9.74% 的消费者表示从未遇到,如图 7-4 所示。

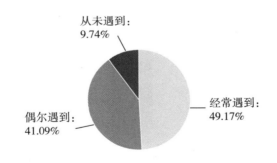

图 7-4　数字版权产业垄断对消费者需求的影响

关于某一类型的数字内容只由一家或几家企业独占时,对其定价策略的看法,有 44.99% 的消费者认为定价过高,超出了合理范围; 37.39% 的消费者认为定价基本合理,但仍有改进空间;只有 17.62% 的消费者认为定价较低,但服务质量有待提升。如表 7-1 所示。可见消费者对于数字版权产业垄断格局下的定价策略有较大不满。

表 7-1　消费者对数字版权定价策略的认知

选项	小计	比例
认为定价过高，超出了合理范围	462	44.99%
认为定价基本合理，但仍有改进空间	384	37.39%
认为定价较低，但服务质量有待提升	181	17.62%
本题有效填写人次	1027	

关于消费者的个性化选择和多样性需求，75.85% 的消费者认为数字版权产业的垄断现象极大地限制了其选择多样性，62.41% 的消费者认为一定程度上限制了选择多样性，而 32.33% 的消费者认为对其个性化选择影响较小，如图 7-5 所示。

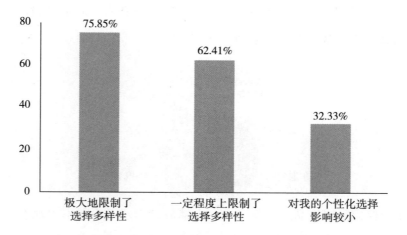

图 7-5　数字版权产业垄断对消费者选择多样性的影响

关于过去一年中，因数字版权产业的垄断导致价格上涨，从而不得不减少对相关产品或服务的消费，有 44.88% 的消费者认为"经常因此减少消费"，34.96% 的消费者认为"偶尔会减少消费"，而 20.16% 的消费者认为"未受影响，消费习惯未改变"，如图 7-6 所示。

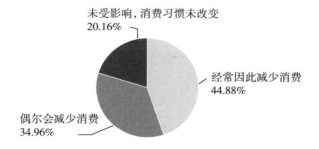

未受影响,消费习惯未改变
20.16%

经常因此减少消费
44.88%

偶尔会减少消费
34.96%

图 7-6　数字版权产业垄断对消费者行为的影响

综合上述问卷调查结果,数字版权的垄断影响了消费者的选择多样性,也影响了其对数字内容产品的消费意愿。垄断所导致的价格上涨、无法从多个渠道获取产品或服务以及被剥夺合理使用版权内容权利等问题,都是消费者权益受损的具体表现。

实践中,在垄断的背景下,消费者权益受损的现象确实相当普遍。消费者因垄断导致的价格上涨、无法获得特定产品或服务、被剥夺合理使用版权内容的权利等情况屡见不鲜。例如,在数字娱乐领域,特别是音乐、电影和电视剧等内容产业,版权独占或独家授权已成为一种常见商业模式。在这种模式下,一家公司通过购买或获得某部作品在全球或特定地区的独家播放权,从而形成市场上的垄断地位。某些独家授权的影视作品只在特定平台上播放,消费者不得不为观看单一作品而购买整个平台的会员,是典型的消费者福利损失实例。这种现象不仅损害消费者的经济利益,也限制了消费者的自由选择权,降低了市场的竞争效率和社会整体福利水平。

关于政府和相关监管机构采取措施破除数字版权产业的垄断格局,鼓励市场竞争的支持程度,有 32.53% 的消费者表示"非常支持",

26.48% 的消费者表示支持，23.56% 的消费者持中立态度，而持反对意见的消费者占 17.43%，如图 7-7 所示。可见尽管大部分消费者支持政府对数字版权产业反垄断规制，但仍有部分消费者对此表示反对。

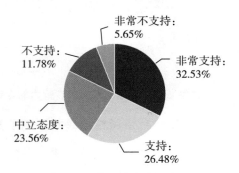

图 7-7 消费者对反垄断规制的认同度

如果数字版权产业垄断问题得到解决，消费者对于权益提升，主要的诉求在于获取更广泛、多元化的数字内容选项（占总答题人数的 99.81%），享有更好的数据安全和隐私保护（占总答题人数的 87.63%），另外，大部分消费者希望提高跨平台、跨设备的兼容性和便利性（占答题总人数的 56.48%），部分消费者希望享受更透明、公正的价格机制（占总答题人数的 37.49%），如表 7-2 所示。

表 7-2 消费者对数字版权产业发展的诉求

选项	小计	比例
获取更广泛、多元化的数字内容	1025	99.81%
享受更透明、公正的价格机制	385	37.49%
提高跨平台、跨设备的兼容性和便利性	580	56.48%
享有更好的数据安全和隐私保护	900	87.63%
其他（请说明）	0	0%
本题有效填写人次	1027	

综合消费者关于数字版权产业反垄断规制和未来的政策诉求，可以看出数字版权产业反垄断规制具有较强的现实需求，亟待探索更加合理的路径；同时，应进一步增加数字内容产品的可得性，使消费者能够获取更广泛、多元化的数字内容产品，保证其选择权的行使，并重点在数据安全和隐私保护方面加强应对。

五、监管机制的创新

知识产权法的目标是产生足够的创新激励，而不是让知识产权所有人获得控制权。工业化时代的事前利益分配，在数字时代宜转向事后利益分配。正如任天堂 & YouTube 案例中创作者计划被改变，数字时代的版权保护不宜采取"一刀切"的严格禁止，而应以经济利益和社会效益为导向，最大化释放创作者的热情和积极性。建立公平公正的版权交易市场，确保版权价值得到合理体现，同时通过知识产权质押融资、版权保险等金融服务，为创作者提供充足的资金支持，从而激发内容创新的积极性。

（一）创新激励机制设计

创新激励机制的设计在版权交易市场中扮演着至关重要的角色，它是版权经济生态系统中的基石，通过构建一个公正、透明、高效的版权交易体系，能够有力保障创作者的合法权益，为其提供强大而持

久的经济激励，从而孕育和滋养内容创新，推动文化产业的整体发展与繁荣。首要任务是打造一个公平公正的版权交易市场环境。此过程涵盖如下几个关键环节。

1. 构建严谨的确权登记制度

一个健全的版权登记系统是版权市场正常运作的先决条件，它确保了作品版权的所有权清晰明确，创作者对其原创成果拥有无可争议的专有权，从而为后续的版权交易奠定了坚实的法律基础。

2. 设计并实施公开透明的交易平台

建立统一、规范且功能完备的版权交易平台，允许版权持有人在平台上自由展示和交易其版权作品，减少了信息不对称性，杜绝了市场操控等不良行为，为版权商品化流通提供了便捷且公正的渠道。

3. 完善合理的版权价值评估与定价机制

深入研究并确立科学、客观的版权价值评估方法和定价模型，充分考量作品的艺术品质、社会影响力、市场需求以及生命周期等因素，确保版权价值的真实反映和有效兑现，让创作者能够因其智力劳动成果获得与其贡献相匹配的经济回报。

此外，创新激励机制还需结合金融工具和服务，为版权交易市场注入源源不断的动力，包括推动知识产权质押融资业务发展，鼓励金融机构尤其是商业银行拓展知识产权质押贷款业务，允许创作者以版权资产作为担保，获取必要的金融支持，以满足其创新活动所需的资本投入，突破文化创意产业面临的资金瓶颈。借鉴国际先进经验，发展专门针对版权侵权风险的保险产品，为版权持有者提供有效的风险转移和损失补偿机制，减轻创作者因版权纷争引发的经济压力，增强其从事创新活动的安全感和信心。引导社会资本设立版权投资基金，通过政策引导和社会资本的双重驱动，设立专门针对版权项目的投资基金，发掘并投资具备市场潜力的创意项目，将市场资源配置机制融入版权产业链条，激活版权资源的内在价值，进一步激发和释放创新动能。

总之，构建一个行之有效的创新激励机制不仅是创建一个公平、市场化运作的版权交易环境，更是要通过金融工具和服务的创新应用，实现版权资产价值的最大化转化与变现，破解创意产业的资金难题，从根本上激发原创热情，驱动文化产业的持续创新与长远发展。

（二）竞合秩序构建

构建竞合秩序，特别是在版权市场中。在竞争与合作并存的模式下，鼓励版权持有者之间开展合作竞争（Co-opetition），通过共享版权资源、交叉授权等方式，降低市场集中度，促进内容创新和资源共享，构建良性的版权市场竞合秩序。它倡导并践行了一种融合竞争与合作双重属性的新型市场关系模式，旨在通过促进版权持有者之间的协作与资源共享，有效降低市场集中度，激发创新活力，提升整个产业运行效率。这一理念超越了传统意义上的零和博弈思维，主张各方通过共创价值、互利互惠的正和博弈途径，共同推动版权市场的和谐、稳定与繁荣。

1. 共享版权资源

版权持有者可以通过相互开放部分版权资产，允许其他版权所有者在一定范围内使用其作品的部分内容或独特元素，这不仅能丰富各自的内容储备，避免重复创作带来的资源浪费，还能激发新的创作灵感和艺术表现手法。以音乐产业为例，不同的唱片公司可以达成协议，授权对方在其作品中选取部分曲目或音乐元素进行二次创作，如混音制作或跨界合作，以实现资源的高效利用和市场的多元化发展。

2. 交叉授权

在高新技术产业中，企业间通过签订交叉许可协议，相互授予使用对方专利或版权技术的权利，以规避长期、复杂的法律纠纷，加速技术研发和应用的进程。在内容行业，诸如电影、动漫、游戏等跨媒体 IP 开发时，不同版权持有者可通过交叉授权方式共享知识产权，打造联动效应，扩大 IP 的影响力和市场覆盖范围。

3. 联合营销与分销

版权持有者能够通过合作的方式，利用各自的渠道优势、客户资源以及品牌影响力，共同推广和销售内容产品，减少不必要的市场份额争夺，实现双方乃至多方的共赢。例如，不同出版社之间可能共同策划并推广系列丛书，或者在线视频平台联手推广热门影视剧集，以提升内容产品的市场影响力和销售额。

4. 共建标准与规范

版权持有者共同参与制定和遵守适用的技术标准和商业规则，有利于维护市场的公平竞争环境，保护所有参与者的合法权益，促进市场的健康发展。标准化和规范化的过程不仅有助于降低交易成本，提高市场透明度，而且能够培育有序竞争的良好氛围，推动版权市场持续进步。

5. 协同创新与孵化新业务

版权持有者通过合作共创原创内容，共同探索新的商业模式，如基于原有版权衍生新产品或服务，或是联手投资建设新的数字平台，都将有力推动内容产业链的升级迭代，实现产业生态的重构与优化。

综上所述，构建良性的版权市场竞合秩序要求版权持有者在保持必要竞争的同时，充分理解和把握合作的价值，通过实施共享版权资源、交叉授权、联合营销与分销、共建标准与规范、协同创新等一系列务实合作策略，使版权市场变得更加开放、活跃、有序和包容。唯有如此，才能真正推动文化产业在全球化、数字化背景下实现整体繁荣与发展，创造出更多元、更优质的文化内容，满足人民群众日益增长的精神文化需求。

（三）实现数字版权产业各个参与主体的公平利益分配

在数字版权产业链中，实现各个参与主体公平的利益分配是一项

复杂而又必要的任务，涉及版权创作、持有、代理、分发、消费以及管理等诸多环节。

1. 促进版权资源的流通和分享

从创新经济学角度看，版权资源的开放性流通有助于促进内容创作和技术创新。非独家许可和交叉许可机制鼓励知识传播和共享，降低了创新的成本，从而刺激更多的创作者和企业投入内容创新活动中。例如，开源软件运动就是一个典型的例子，其采用宽松的版权许可模式促进了全球范围内的协作创新和技术进步。倡导非独家许可、交叉许可等多元许可模式，减少版权资源的锁定效应，保障市场上的内容多样性。反垄断法规鼓励多元化的版权许可模式，以避免市场被少数几家大平台所控制，促进内容产业的健康发展。非独家许可允许内容创作者将其作品同时授权给多个平台使用，有利于市场竞争和内容多样性。此外，交叉许可机制则可以降低各方重复创新的成本，促进知识和技术的共享，防止由于版权壁垒导致的内容封锁和创新停滞。通过法律引导和支持这样的许可模式，能够确保内容产品和服务在不同平台上公平竞争，满足消费者的多样化需求。在音乐流媒体行业，Spotify 等服务提供商采取多元化的许可模式，与各大唱片公司达成非独家合作，允许用户在一个平台上听到不同唱片公司的海量歌曲，从而丰富了内容供应并刺激了市场竞争。欧盟在《数字化单一市场版权指令》中也倡导开放性和多元化的版权许可，鼓励内容创作者和权利人采用非独家授权方式，促进作品在整个欧洲范围内的无障碍传播。

总而言之，完善数字版权产业反垄断的法律法规与监管体系，既需要对现行法律进行针对性修订，补充适应新环境的新规定，也需要构建跨部门协同监管机制，确保政策实施的联动性和有效性，以促进数字版权产业的持续创新和繁荣。通过政策引导，鼓励创新型企业进入数字版权市场，为初创企业提供平等的版权获取机会和市场空间，降低垄断产生的市场壁垒，促进产业创新和健康发展。在具体策略层，设定合理的版权期限和版权转让、许可制度，确保版权资源能够在市场内适度流动，而不是永久集中于少数几方手中。强化版权例外与限制规定，如合理使用、法定许可、强制许可等，确保版权法不会过分束缚公共利益和知识传播的需求。加强版权集体管理，促进版权资源的高效利用和公平分配，降低中小企业和创业团队获取版权许可的成本和难度。加大对版权滥用行为的反垄断执法力度，对以版权为基础形成的市场垄断现象进行有效干预，维护市场竞争秩序。通过法律政策、技术创新、市场机制以及产业协同等多元手段，可以逐步解决数字版权产业链中的利益分配问题，实现创作者、版权所有者、平台及使用者等各方利益的和谐共存和公平共享，从而促进整个数字版权产业的可持续发展，更好地保障消费者权益和公共利益，促进文化产业的繁荣和创新生态系统的健康运行。

2. 设计科学合理的利益分配机制

科学合理的利益分配对于数字版权价值链中的参与者至关重要，它旨在根据每个角色在版权内容创造、流通和消费过程中的贡献程度来确定其应得的经济回报。在数字版权领域，常见的利益相关者包括：

（1）创作者。他们是版权内容的原始产出者，包括作家、音乐家、

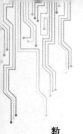

艺术家、导演等。在利益分配中，应确保创作者因其创造性劳动得到充分的经济补偿，这部分可能通过版权销售收入、版税、一次性购买费用或者基于作品受欢迎程度（如点击量、下载量、播放量）的分成模式来实现。

（2）发行商。发行商负责将作品推向市场，包括编辑、包装、推广等工作。他们的收益通常来自与创作者签订的合约中规定的版税分成、代理费或其他形式的服务费用。

（3）分发平台。诸如流媒体平台、电子书商店、应用商店等数字分发渠道是版权内容到达消费者的桥梁。平台通过提供便捷访问服务获得用户流量，收益可能来源于用户的订阅费用、广告收入以及与创作者或发行商协议的一定比例的交易抽成。例如，按照每首歌曲播放次数、每部影片观看次数、每篇文章阅读量等量化指标进行收益分配。

（4）技术服务商。这类角色包括提供版权保护技术、数据分析工具、支付系统支持等服务的企业，它们可以从服务费、技术支持费等方面获取收益，也可以通过与版权持有者或分发平台合作，根据特定的服务效果收取相应比例的收益。

（5）消费者。虽然消费者不直接从版权交易中获利，但他们对作品的消费行为直接影响了整个链条的收益。为了激励消费者合法购买和使用版权内容，可通过设定合理的定价策略、优惠活动等方式，满足消费者心理需求，从而促进整个生态系统的健康发展。

3. 构建多元化收益分配模式

结合国际通行做法和国内实际情况，多元化收益分配的目标是既能激发创作者的创新热情，又能促使其他参与者积极提高服务质量，从而推动整个数字版权产业的持续健康发展。具体实施可以包含以下几种形式。

（1）按使用量计费。根据作品的实际使用情况（如点击、下载、播放次数）来分配收益，这种模式尤其适用于流媒体服务，能灵活反映市场需求和作品热度。

（2）固定费用＋版税。除了预付给创作者或版权持有者的固定费用外，还根据作品实际产生的经济效益给予额外的版税收入，确保作品表现超出预期时，创作者能够获得更多收益。

（3）分级/阶梯式分成。根据不同的业绩门槛设置不同级别的分成比例，激励所有参与者共同提升作品的表现和市场影响力。

第八章　数字版权反垄断的实践路径

数字时代的版权保护不应仅保护某一个主体的权利，而应从系统思维出发保护产业生态的整体利益。正如赵国栋（2018）指出的，产业生态系统是数字经济的最小单位，具有"系统"密不可分的特征。知识产权法的目标是产生足够的创新激励，而不是让知识产权所有人获得控制权。

一、行业自律与市场自我净化

建立平台版权管理行为规范，要求平台企业公平对待平台内外的内容提供商不得利用版权许可进行不正当竞争，如设置歧视性条款或实施价格歧视。平台企业的版权管理行为涉及价格歧视问题，这是微观经济学中的一个重要议题。当平台利用版权许可对不同用户提供差别化服务时（如基于用户群体或消费习惯设定不同的价格），如果这种差异不能合理解释为成本差异或价值差异，则可能构成不正当的价格歧视，影响市场竞争环境的公平性，并最终抑制整体社会福利水平。反垄断法要求平台企业在版权管理活动中遵守公正、公平、透明的原则。这意味着平台在处理版权许可事务时，不得对平台内自营内容与第三方内容提供商进行不正当区别对待，比如设置歧视性的授权条件、价格或者服务条款。平台应遵循中立原则，确保所有参与者在获取和使用版权资源方面享有同等的机会，防止利用版权许可作为工具实施排他性策略或损害竞争对手利益的行为。

在数字版权产业的不同细分领域，垄断的表现形式和影响各有不同，因此需要针对特定市场情境定制规制策略。例如，在数字音乐市场中，针对独家版权许可可能导致的市场分割和竞争缺失问题，规制策略可能包括限制独家许可的时长、范围，鼓励非独家许可模式，或设置版权许可费的公平定价机制。而在数字出版市场，可能需要重点关注版权集体管理组织的市场权力，防止其滥用版权授权导致市场垄断。如前文所述，平台企业往往拥有庞大的用户基础和强大的网络效应，在版权市场上具有显著的议价能力。反垄断规制需要关注平台企业是否滥用这种优势地位，通过签订独家或长期版权许可协议来排除竞争对手，从而巩固和扩大其市场份额。在平台经济环境下，版权许可模式与反垄断规制的契合点主要体现在以下方面。

经济学理论强调市场效率是通过资源有效配置实现的。当大型平台企业滥用市场主导地位获取独家或长期版权时，可能导致市场资源配置失衡，阻碍了内容市场的有效竞争。例如，在网络视频平台领域，如果一家公司独揽大量热门影视作品的版权，其他平台可能因缺乏优质内容而陷入困境，这将降低整个行业的资源配置效率，损害社会总福利。通过审查平台与内容创作者之间的许可协议，防止平台滥用市场力量获取独家或长期版权，从而扼杀市场竞争。例如，当一个大型数字平台凭借市场支配地位迫使内容创作者签署独家授权时，可能会阻碍其他竞争性平台获取相同内容，减少消费者的选择并抑制市场的有效竞争。因此，反垄断执法机构会审查这些许可协议是否存在潜在的垄断行为，并采取必要措施限制过度集中的版权控制。以美国司法部针对亚马逊为例，亚马逊作为全球最大的电商平台之一，在图书出版领域拥有显著影响力。2019年，美国司法部对亚马逊进行了反垄断审查，其中涉及其是否利用市场优势地位强迫出版商签署独家或排他性协议，限制其他零售商获取热门书籍的销售权。在这种情况下，反垄断法规旨在确保公平竞争，防止一家公司凭借版权许可策略扼杀竞争对手，从而保护消费者的选择权和市场的整体活力。

二、国际合作与跨区域执法

（一）充分借鉴国际经验

国际上关于数字版权产业反垄断规制的立法和执法实践呈现出多元化、复杂化的发展趋势，各国和地区根据各自法律体系和市场环境，对数字版权产业垄断行为进行了不同程度的规制和干预，旨在平衡版权保护与市场竞争之间的关系，推动数字版权产业健康发展。

1. 美国的立法和执法实践

（1）立法实践。美国于1998年通过了《数字千年版权法》（Digital

Millennium Copyright Act），为网络环境下的版权保护提供了法律依据。近年来，针对大型科技公司可能滥用市场支配地位的现象，美国司法部和联邦贸易委员会加大了反垄断审查力度。例如，2021 年众议院司法委员会发布了一份报告，对亚马逊、苹果、Facebook 和谷歌的垄断行为进行了详细调查，其中涉及这些公司在版权许可方面的做法。

（2）执法案例。2019 年，美国版权局提出一项新规定，允许用户破解电子设备以维修或修改受版权保护的产品，这是对技术发展和版权保护之间平衡的一种尝试。此外，美国法院也处理过多起与版权相关的反垄断案件，如 2016 年，环球音乐集团与索尼音乐娱乐（Sony Music Entertainment，SME）因涉嫌滥用独家版权协议阻止流媒体服务公平竞争而受到美国政府部门的调查。

2. 欧盟的立法和执法实践

（1）立法实践。欧盟于 2019 年通过了《数字化单一市场版权指令》（Directive on Copyright in the Digital Singles Market），旨在协调成员国之间的版权法并适应数字时代的要求。该指令中引入了"上传过滤器"条款，要求平台在用户上传内容时进行版权检查，同时也强化了创作者与出版商的权利。

（2）执法案例。2020 年，欧盟委员会对苹果公司的 App Store 政策展开了反垄断调查，特别关注其是否利用应用商店的控制权，不公平地限制竞争对手使用自己的支付系统以及对其他音乐流媒体服务施加不合理的版权许可条件。

3. 澳大利亚的立法和执法实践

（1）立法实践。澳大利亚政府在制定《版权修正案（在线侵权）法案》时，考虑到数字环境下的版权保护及公平竞争问题，增加了对互联网服务提供商（Internet Service Provider，ISP）的责任要求，同时允许版权所有者在必要情况下请求 ISP 封锁侵犯版权的网站。

（2）执法实践。澳大利亚竞争与消费者委员会在反垄断执法方面采取了积极行动。例如，2019 年对谷歌和 Facebook 等科技巨头进行了全面调查，以评估它们是否滥用市场力量损害新闻出版业和其他在线内容提供商的利益。该委员会发布了《数字平台服务 Inquiry》报告，并提出了多项改革建议，包括调整版权许可协议，确保这些协议不会成为大型科技公司排除竞争对手、形成市场壁垒的工具。

4. 其他国家的立法和执法实践

（1）韩国。韩国公平贸易委员会也对数字平台上的垄断行为进行了审查。例如，2017 年，对 SK Telecom 旗下的 Melon 音乐流媒体服务处以罚款，原因是该公司涉嫌滥用其市场主导地位，强迫唱片公司签订不公平的独家版权协议。

（2）日本。日本政府对于网络环境下的版权保护和反垄断也有相应的举措。比如，日本修订了著作权法，加强对数字版权的保护，并且公平交易委员会持续关注并查处可能涉及滥用垄断市场的行为。

（3）印度。印度政府在 2021 年通过了一项新法规，规定互联网平台不能利用其市场优势地位迫使内容创作者签署独家版权协议，这反映了印度在数字经济时代维护市场公平竞争的决心。

（4）巴西。巴西国家知识产权局和相关机构也在不断更新法律法规，适应数字环境下的版权挑战。如对非法网络下载和共享内容的行为进行打击，并在版权许可领域强调公平性，防止大企业通过垄断来影响市场竞争。

5.国际合作的最新动向

国际通过 WTO、WIPO 等多边机制开展合作，共同探讨如何在尊重知识产权的基础上，防止版权过度集中导致的市场垄断问题。例如，TRIPs 协议和世界知识产权组织就版权及技术转让等领域制定了全球性规范，促进各成员国在此基础上制定符合本国国情的前瞻性法律框架。国际上对数字版权产业的反垄断规制既有立法层面的不断修订和完善，也有执法实践中针对具体案件的严厉打击，旨在维护公平竞争的市场秩序，保护消费者权益，促进数字版权产业的健康发展。

总之，随着全球范围内对数字版权产业反垄断问题的关注度日益提升，各国通过立法创新和完善执法实践，着力解决版权资源过度集中、市场不公平竞争等问题，旨在维护健康的市场竞争秩序，保护消费者权益，以及推动文化产业和数字经济的持续健康发展。各国在实践中都强调根据新兴技术和商业模式的发展趋势，适时调整和完善版权法和反垄断法规，确保规制框架既能激励内容创新，又能维护公平竞争，避免版权资源被少数主体过度控制而形成市场垄断，从而保障数字版权产业的持续健康发展。

鉴于此，我国数字版权产业实施反垄断应借鉴国际上先进的反垄断经验和案例，结合我国数字版权产业的实际情况，形成一套科学、合理的判断标准和执法依据。在规范的制定中，应当高度重视经济学理论的指导作用，特别是运用经济学中关于市场结构、动态效率、网络外部性、双边市场等理论，深入剖析数字版权产业中数据、平台、算法等元素如何影响市场竞争格局和垄断行为的发生。为进一步增强法律效力和执行力度，国务院发布行政法规或部门规章，从行政层面加强对数字版权产业垄断问题的监管，确保相关规范得到有效执行。

（二）我国相关法律法规的针对性修改和完善

关于数字版权领域相关法律法规的针对性修改和完善，可以从以下几个方面着手。

1. 全面评估与修订现有法律体系

一方面，对著作权法及相关附属法规进行适应性修订，明确界定数字版权的内涵和外延，特别是涉及数字复制、网络传播、数字化转换、临时复制、远程访问控制等新型版权使用方式的法律地位和保护范围。另一方面，确保法律条款能够适应数字时代作品创作、传播和使用的特征，比如合理扩展信息网络传播权的内容，规范数字版权授权和转让的具体规则，以及规定数字版权管理信息的法律效力。

2. 细化侵权行为认定与处罚标准

一方面，明确数字环境下侵权行为的种类和表现形式，例如非法上传下载、网络直播中的版权侵权、云存储中的版权保护问题，以及侵犯数字版权管理信息的行为。另一方面，设定合理的损害赔偿计算方法，包括酌定赔偿、法定赔偿以及惩罚性赔偿的适用情形，加大对恶意侵权行为的处罚力度。

3. 完善行政执法与司法救济机制

一方面，加强版权行政管理部门的技术手段和职能权限，赋予其在网络环境下进行实时监控和打击侵权的能力。另一方面，提升司法程序效率，比如允许在线提交和确认版权证明材料，推广使用区块链等新技术作为证据保全手段，优化版权诉讼程序，缩短案件审理周期。

4. 对接国际版权公约与标准

一方面，跟踪世界知识产权组织等国际组织的最新版权保护动态，适时将国际公约的原则和规定融入国内立法，确保与国际版权保护体系接轨。另一方面，推动双边或多边合作协议的签订，加强跨境版权保护合作与协调。

5. 促进数字版权交易市场健康发展

一方面，制定适用于数字版权交易市场的规范化合同模板，明确许可类型、期限、地域、用途等要素。另一方面，建立全国统一的版权登记与公示平台，简化版权登记手续，提高版权流转效率。

6.加强公众版权意识教育与社会共治

一方面，强化版权法律法规的普及教育，提高公众合法使用数字资源的意识，倡导尊重和保护知识产权的社会风气。另一方面，鼓励行业自律，通过行业协会制定和执行行业标准，建立信用评价体系，引导市场主体规范运营。

综上所述，完善数字版权相关法律法规是一项系统工程，需要多方协同努力，既要关注立法层面的科学性和前瞻性，也要注重法律实施的可行性和有效性，同时兼顾版权产业发展与公共利益之间的平衡。

（三）强化反垄断法和著作权法的制度协同

从短期和现实情况出发，针对数字版权产业垄断问题的规制，可以通过最高人民法院或相关司法机关发布司法意见，对数字版权产业生态中的版权制度进行明确规定，填补现存法律框架中的空白。这种司法意见应当紧密衔接反垄断法和互联网条款，特别是考虑反垄断法中关于滥用市场支配地位、排除限制竞争等条款，同时结合电子商务法对线上交易行为的规范，以及著作权法对数字版权保护的具体规定，形成一个完整且具有针对性的法律链条。

（1）创作者与版权所有者的利益保障。创作者是数字版权产业链的源头，应确保其创作的作品得到充分的价值回报。建立透明公正的版权授权机制，确保创作者清楚知道自己的作品如何被使用、如何计算收益，并获得合理的版税分成。对于版权所有者（如出版社、唱片公司等），在与创作者的合作协议中应设定公平的版权购买价格和版税分成比例，同时尊重创作者的精神权利和署名权，保障其长期的权益。

（2）版权集体管理组织的功能强化。版权集体管理组织可以集中处理繁复的版权授权事务，减少创作者和使用者的交易成本，通过集体授权、集中管理，帮助创作者尤其是独立创作者在全球范围内获取授权收入。通过建立完善的数据库和检索系统，确保每一笔版权交易都有据可查，分配给创作者的版税能够及时、准确发放，并定期公布详细的收入报告，增进透明度。

（3）标准化的版权交易市场与定价策略。建立统一的版权交易平台，提供版权信息查询、在线授权交易、版权价值评估等服务，便于各类使用者快速找到合适的内容并完成合法交易，降低市场进入门槛。结合不同作品的价值、受众需求以及市场容量，实施差异化的定价策略。例如，面向学生、图书馆等特殊群体或发展中国家的公益用途，可采用优惠价格策略；而对于商业用途或高价值市场，可采用市场化定价策略。

（4）产业链协同与合作机制。倡导产业链上下游之间协同合作，鼓励内容创作者、版权所有者、技术开发商、平台运营商、广告商等多方共建共赢的商业模式，如版权池、收益分享计划等，实现产业链的增值与共享。对于跨国版权交易，通过国际条约和合作协议，促进版权贸易的公平和便利，确保各国创作者和版权所有者在全球范围内享有同等权益保护。

（5）制定并执行行业准则。根据行业发展现状，制定具有前瞻

性和指导性的行业准则，明确版权许可、交易和管理的规范，促进市场竞争公平、有序，防止垄断现象的滋生。调研中，某头部平台公司的法务人员提出，应当充分发挥版权集体管理组织的作用，对于版权交易和定价、侵权的判定及垄断的监管等方面，在行业自律方面进行统一协调，出台标准，建立定价机制等，从而切实推动公平市场竞争秩序的构建。

长远来看，构建一套成熟的、稳定的数字版权产业反垄断规范体系是十分必要的。这一构建过程应当基于现有的制度实践和探索成果，逐步累积并提炼经验教训，形成一套既能应对当前挑战又能预见未来发展的制度架构。面对数字经济快速发展，我国积极推进版权法和反垄断法规的改革和完善。例如，《中华人民共和国著作权法》历经多次修订，已逐步纳入网络环境下作品的版权保护措施，明确"避风港原则""红旗标准"等条款，为新型商业模式提供法律依据。在反垄断领域，市场监督管理总局等部门加大对滥用市场支配地位、设置版权壁垒等行为的查处力度，如对阿里巴巴集团收购优酷土豆股权案进行反垄断审查，以及对腾讯音乐独家版权行为进行处罚。

在修订和完善反垄断法的过程中，针对数字经济的特点增设专门章节至关重要，这是因为数字经济领域具有不同于传统行业的特性和挑战，尤其是在数字版权领域。随着互联网技术和平台经济的快速发展，数字版权已经成为许多科技巨头和数字平台的核心竞争力，版权的集中化趋势可能迅速带来市场力量的失衡，影响市场竞争和消费者利益。具体而言，针对数字版权领域的垄断行为，新的反垄断法专章可包括以下内容。

（1）并购交易审查。对涉及数字版权的并购案，反垄断法应设定更严格的标准和程序，比如增加事前申报义务、提高审查门槛、深入分析收购后可能产生的版权市场集中度上升及其对市场竞争的影响，防止因大规模并购导致的版权市场垄断。

（2）版权集中度规制。明确界定版权集中度的衡量标准和阈值，对于超过一定数量或市场份额的版权持有行为进行干预，防止个别企业通过囤积版权构建市场壁垒，妨碍竞争对手的正常发展和消费者的多元选择。

（3）版权许可和使用规则。规定公平、透明的版权许可和流转规则，防止版权持有者滥用市场支配地位，强制设立不公平的许可条件，或拒绝向竞争对手提供版权，以此维持健康的版权市场生态。

（4）算法与数据滥用规制。考虑到数字版权往往与大数据和算法紧密相连，应针对算法操纵、数据屏蔽、流量分配等新型垄断行为做出针对性的规定，防止技术手段被用于排除或限制市场竞争。

（5）国际管辖权与域外效力。针对跨国数字版权交易和跨境垄断行为，探索建立国际协调机制，强化国内反垄断法的域外效力，确保在全球范围内打击数字版权领域的垄断行为。在修订反垄断法时，要确保其能够适应数字经济环境下垄断的新形态，既要保护创新和创作者的合法权益，又要维护公平、开放、有序的市场竞争环境，从而推动数字版权产业的长期繁荣和发展。

区块链、人工智能、大数据等新兴技术以其革命性的力量正在对数字版权产业产生深远的影响，从根本上重塑了产业的生态环境。在这场技术驱动的变革中，每一项技术都在各自的领域内发挥着至关重要的作用，构建了一个全新的数字版权生态系统。随着这些技术的深入应用和融合发展，数字版权产业有望步入一个崭新的发展阶段，为全球文化产业的繁荣注入源源不断的创新动能。

三、加强大数据和AI技术在数字版权产业反垄断规制中的应用

大数据技术为版权产业提供了海量的数据支持和决策依据。通过对用户行为、市场需求、行业趋势等多维度数据的分析挖掘，版权产业能够更精准地把握市场动态，实现内容的精细化运营，优化资源配置，进一步推动整个产业价值链的优化升级。

人工智能技术则在内容创作、推荐系统和版权保护方面发挥了关键作用。AI辅助创作工具能够帮助内容创作者高效产出高质量作品，大大提高了生产力。此外，通过机器学习和深度学习算法，智能推荐系统能够根据用户偏好进行个性化内容推送，极大地优化了内容分发效率和用户体验。在版权保护层面，人工智能技术能够快速准确地识别和比对海量的数字内容，及时发现并预警潜在的版权侵权行为，有效保护原创者的权益，促进数字版权市场的规范化，具体应用如下。

一是利用大数据和AI技术监测市场动态。通过实时监控和分析版权交易数据、市场价格、用户行为等信息，及时发现可能的垄断苗头和市场失衡现象，为规制机构提供决策依据。在大数据和AI技术的支持下，监测市场动态以预防和应对垄断现象变得更加精准且高效。

二是实时版权交易数据监控。通过搭建大数据平台，可以收集并整合来自不同版权交易平台的实时交易数据，包括授权许可协议的数量、类型、期限以及涉及的金额等信息。AI 算法能够对这些海量数据进行快速分析，识别出特定时间段内某些企业或平台是否大量获取了独家或长期版权授权，是否存在滥用市场支配地位的现象。

三是市场价格智能分析。AI 系统可以通过分析版权价格走势及其与市场需求、竞争状况等因素的相关性，发现价格异常波动或垄断定价行为。例如，如果某类内容的授权费用显著超出行业平均水平，且缺乏合理理由，则可能意味着存在潜在的价格操纵或者滥用市场优势地位的情况。

四是用户行为洞察。结合用户浏览、消费、分享等线上行为数据，AI 能深度挖掘用户需求、喜好以及对于各类内容产品的依赖程度。当某一平台由于拥有独家版权而成为消费者唯一或主要的选择时，可能减弱市场竞争，构成潜在的市场封锁。监管机构利用此类洞察，可提前介入并采取措施维护市场公平竞争环境。

五是预测市场趋势与预警机制。AI 通过对历史数据的学习和模式识别，能够预测未来的版权市场发展态势，及时发出关于市场失衡、集中度上升或新出现的垄断风险预警，帮助规制机构制定预防性政策或调整既有法规。

六是跨领域关联分析。大数据分析还能够揭示版权交易与其他相关领域的相互作用关系，如数字内容与广告投放、产品销售等的交叉影响，进一步评估垄断行为对整体经济和社会福利的影响程度。

四、运用区块链开展数字版权的新型监管

区块链已成为文化产业、版权产业的重要增长极，区块链分布式账本记录来源路径，使数据无法篡改，查看与验证可分离，由数据主体决定是否授权。区块链应用于数字版权产业垄断监管具有较强优势。

（一）区块链应用于数字版权产业垄断监管的依据

区块链技术在数字产业中的应用日益显现其重要性，成为该领域的重要发展驱动力。区块链的核心特征——分布式账本记录和不可篡改性，为数字版权产业的治理带来了革新性的解决方案。通过区块链技术，每一份数字内容的创作、流转、授权、交易等过程都被永久记录在链上，形成完整且不可更改的证据链，解决了以往版权归属不清、侵权追责难的问题。在数字版权产业的垄断监管方面，区块链的优势表现为。

第一，透明度提升。区块链的公开透明性使得市场参与者能够清楚地看到版权的所有权转移和使用情况，有助于监管机构及时发现并制止潜在的垄断行为。例如，通过分析区块链上的版权交易数据，可以评估市场集中度，预防和纠正市场势力的滥用。

第二，去中心化授权。版权持有者能够通过智能合约自主设定作品使用的条件和权限，既保证了创作者对自身作品的控制权，也降低了版权许可的交易成本，从而有望打破传统集中式版权市场中的信息

不对称和垄断现象。

第三，可验证性与信任机制。区块链技术的可验证性和共识机制为版权纠纷的解决提供了强有力的工具，任何人都可以根据链上记录追溯作品的历史轨迹，减少因信息不对称而导致的市场垄断。

然而，区块链技术在解决数字版权市场垄断问题时也是一把"双刃剑"。一方面，它确实提高了市场的透明度和竞争公平性；另一方面，区块链也可能加剧市场集中度。例如，如果某个大型平台率先利用区块链技术建立了强大的版权生态系统，那么由于网络效应和锁定效应，其他竞争对手可能会更难介入，从而间接形成了另一种形式的市场垄断。因此，不仅应关注区块链技术本身对版权保护和透明度提升的效果，还需要考虑如何通过配套政策和法规，防止区块链技术被大型企业滥用以巩固其市场地位。理想的解决方案应该是充分利用区块链的优点，同时辅以适当的竞争政策和反垄断法规，确保区块链在版权产业中的应用能够真正促进市场公平竞争，防止新的垄断问题出现。例如，鼓励开放式、去中心化平台的发展，促进跨平台的数据互通和资源共享，确保所有市场参与者都能平等地受益于区块链技术带来的变革。

（二）应用区块链开展数字版权产业反垄断的具体实施路径

1. 建立透明的版权权属登记系统

区块链的分布式账本和不可篡改特性，使得数字版权的登记、确认和流转过程可以全程记录在链上，形成时间戳和加密的哈希值，确保权属清晰且难以伪造。通过建立基于区块链的版权登记系统，每一个原创作品的版权信息都可以公开透明地记录下来，有效防止版权归属模糊和非法转移，这对于抑制市场垄断、保护中小创作者的权益具有重要作用。

2. 创建去中心化的版权交易市场

区块链技术可以支撑点对点的版权交易模式，创作者可以直接面向消费者销售版权作品，跳过中间环节，降低市场进入门槛，从而削弱大平台对版权市场的垄断地位。智能合约的应用可以自动执行版权交易协议，确保交易的安全、透明和公正。

3. 实现版权追踪和实时监测

通过将数字内容绑定到区块链上的非同质化代币（NFT），可以实现版权内容的唯一标识和追踪。一旦发生侵权行为，监管机构和版权所有者可以立即追踪到侵权源头，有效打击版权侵权和滥用行为，遏制某些平台滥用市场支配地位。

4.完善反垄断法规与区块链技术相结合的监管机制

结合法律与技术手段，制定适应区块链的数字内容平台反垄断法规，明确监管标准，构建包括事前预防、事中监控、事后追责在内的全链条监管机制。利用区块链的透明性和可追溯性，方便监管部门进行实时监测和数据取证，确保反垄断执法的准确性和有效性。

5.赋能版权集体管理组织和行业协会

利用区块链技术，版权集体管理组织可以更高效地管理和分发版权许可，尤其是对于那些碎片化的版权使用场景，区块链技术可以帮助实现小额支付和即时结算，减少大平台利用信息不对称和交易成本优势对版权市场的控制。

6.对接司法存证与审判体系

将区块链技术应用于司法存证领域，确保版权侵权案件中的证据安全可靠，提高诉讼效率。法院和监管机构可以与区块链系统直接对接，实现版权侵权证据的自动采集、固化和提交，为反垄断案件的裁决提供有力支持。

（三）重点拓展智能合约的应用

结合智能合约技术，版权许可和交易可以自动化执行，根据预先设定的条件进行分发和管理，避免了人为干预带来的纠纷和垄断风险。

智能合约能确保只有满足特定条件时，版权才会发生合法转移，从而保证整个过程公平公正，有利于维护市场竞争秩序。在版权许可中引入智能合约，还可以通过预先设定的条件自动执行版权使用的限制，防止滥用版权造成市场垄断。根据经济学原理，市场效率的提升依赖于信息的完全透明和交易成本的降低。智能合约通过区块链技术实现了版权信息的公开透明，极大地减少了信息不对称带来的摩擦成本，使得版权交易更加便捷高效。

智能合约是区块链技术的一个重要组成部分，它是一种自动执行合约条款的协议，其核心机制在于将合同条款编程为代码，并部署在去中心化的区块链网络上。智能合约一旦被激活并存储在区块链中，就具有了不可篡改、透明和自动执行的特点。在版权许可领域引入智能合约，可以带来以下显著优势。

1. 保障公平交易与执行效率

智能合约中的每项条款都是公开透明且不可更改的，创作者或版权所有者可以设定明确、详尽的授权条件，如使用期限、地域范围、用途限制、版税计算规则等。由于智能合约遵循"代码即法律"的原则，当用户或购买方触发特定事件（如支付一定数量的加密货币）时，合约会根据预设逻辑自动执行相应的版权授予动作，确保双方权益得到公正体现。智能合约可以根据创作者的需求，预设各种复杂的授权条件和交易规则，一旦满足触发条件，如用户支付相应费用或达到特定使用次数，合约会自动执行并完成版权授予。实践中，"OpenSea"等 NFT 交易平台允许艺术家通过创建智能合约出售他们的数字艺术品，这些合约不仅规定了版税分配机制，还确保了每次转售时创作者都能获得一定比例的收益，有效保障了创作者权益。又如，英国初创公司"Mycelia"利用区块链和智能合约帮助音乐人直接将作品销售给消费者，减少中间环节，确保创作者能够获得更合理的收益分配，体现了资源的有效配置。

2. 自动执行机制防止版权滥用与市场垄断

版权持有者可以通过智能合约设定严格的版权使用权限和期限，当某个平台试图过度集中某些版权资源时，智能合约能够基于预先设定的条款自动限制独家或长期许可，从而避免单个平台形成版权壁垒，维护市场竞争秩序。例如，在新闻出版行业，区块链初创公司 Civil 采用智能合约对新闻内容进行版权管理，确保内容创作者控制其作品的分发和传播范围，防止大型媒体集团垄断内容发布渠道。版权使用的限制可以通过智能合约精确编码，例如，一份音乐作品的智能合约可规定该作品仅能在指定平台播放，播放次数达到上限后自动停止授权，或者每次播放都会自动记录并向版权所有者支付相应费用。当这些预设条件达成时，智能合约会自动执行相关操作，如暂停使用权限、结算版税等，无须人工干预，有效避免了违约行为的发生。

3. 防止滥用与垄断控制

使用智能合约可以细化到单个作品的使用权分配，从而防止大公司通过大规模独家版权收购来形成市场壁垒，阻碍竞争。垄断通常源于市场参与者对关键资源的过度集中控制，智能合约可以设定明确且自动执行的版权使用条件，避免了大公司通过长期独家合同等手段过度掌控版权资源，从而维持市场竞争的活力。智能合约可以设定一个作品不能同时授权给多个竞争对手，或者在一定时期内只能独家授权给某一方，但到期后必须恢复开放许可，这样有助于维护市场的多样性和平等性。例如，美国的数字艺术市场借助智能合约设定条款，使艺术家能够在每次转售时抽取一定比例版税，这不仅保护了创作者权益，也从源头上限制了单一平台或个人通过囤积版权来形成垄断的可能性。

4. 实时监管与合规性提升

区块链上的智能合约交易记录公开透明，使得版权市场的所有活动都处于监管机构和公众的监督之下，便于及时发现和纠正可能存在的滥用版权行为或者垄断苗头。智能合约的应用还为政策制定者提供了实时监测版权交易活动的新工具，便于及时发现并处理潜在的垄断行为，有利于建立健全适应数字经济特点的版权法规体系。政府部门和行业协会也可以构建基于区块链的版权监管平台，通过对接各版权交易平台的数据接口，实时获取智能合约执行情况，实现精准高效监管。所有版权交易活动都记录在区块链上，每个版权流转、使用和收益分配的动作都是可追踪和审计的，这不仅有利于版权所有者实时监控版权利用情况，也为监管部门提供了完整的数据链以进行有效监管，排查潜在的垄断行为。韩国政府已开始探索利用区块链和智能合约技术改革其版权管理系统，旨在提高版权管理效率，预防侵权和垄断现象，同时为全球范围内的版权法现代化改革提供了借鉴经验。

5.激励创新与社会福利增进

经济学理论强调产权明晰对于激励创新的重要性。智能合约保证了版权权属清晰、流转透明，增强了创作者创作的积极性，进而推动文化产业的创新发展。国际上，以以太坊为基础的许多项目，如"Ethereum Name Service（ENS）"允许用户创建可验证的所有权记录并进行交易，这种模式已经在全球范围内得到广泛采用，进一步验证了智能合约在促进创新和社会福利增进方面的积极作用。

总结而言，智能合约通过技术创新与实践应用，在提升版权市场的效率、维护公平竞争、鼓励内容创新以及协助政府监管等方面发挥着重要作用。随着区块链技术的进一步成熟和普及，智能合约将在构建更加公正、开放、高效的版权治理体系中扮演愈发关键的角色。在版权许可中采用智能合约极大地提高了版权管理的效率和公信力，通过自动执行机制使版权的交易和使用更加规范化、透明化，有助于防止滥用版权导致的市场垄断问题。智能合约和区块链技术的结合应用，不仅可以显著提高版权交易的公正性和执行效率，而且能够在源头上预防版权滥用引发的市场垄断问题，为建立一个更加公平、开放且高效的全球版权市场提供了有力的技术支撑和创新解决方案。

需与时俱进地健全和完善相关法律法规，明确智能合约在版权交易活动中的法律地位及其法律效力，奠定坚实的基础法理依据。具体措施包括但不限于立法确认、司法解释以及细化规则，旨在为基于区块链技术的版权交易活动提供全面的法律保障。同时，应当系统研究并出台关于智能合约在版权领域的操作指南和标准化文件，以便为各

类市场主体——包括企业、创作者以及消费者，提供清晰的操作指引，确保其能够在遵循法律规定的基础上合理、合规地采纳和利用智能合约工具。

在我国版权领域应用"法律＋技术"的过程中，应进行全方位、多层次的战略布局与协调推进，以期构建完善的法治框架、先进的技术支撑体系、成熟的市场运行机制、专业的人才队伍以及灵活高效的监管机制，从而助力版权市场实现公正、透明、高效的发展目标。

第九章　促进数字版权市场创新与公平

一、创新激励与公共利益平衡

根据数字经济的发展规律，适时调整和完善版权法和反垄断法规，确保规制框架适应数字版权产业未来发展的需求，防范潜在的垄断风险。在全球范围内，数字版权产业正以前所未有的速度发展，新兴技术和商业模式不断涌现。为了适应这一趋势，各国政府和国际组织都在积极构建前瞻性的法律框架和规制理念，以确保版权法和反垄断法规能够有效应对新技术、新商业模式带来的挑战，防范潜在的垄断风险。

（一）推进"区块链＋智能合约"全链条保护机制

采用区块链技术构建版权登记与流转平台，利用其公开透明、不可篡改的特性，确保版权信息的真实性和完整性，降低版权确认成本，同时便于监管部门对版权交易活动进行实时监测。通过自动执行的合同条款来规范版权交易行为，确保各方权益得到公正保障，预防版权滥用和垄断现象的发生。例如，创作者可以通过智能合约设定作品使

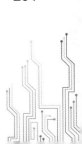

用的具体条件，如版税分配、使用期限和地域限制等，一旦触发预设条件，系统将自动执行相应操作。

（二）加强大数据和人工智能应用

建立基于大数据分析的版权市场监管体系，收集并分析相关企业版权交易数据、用户行为数据等，识别潜在的市场集中度提升、价格操纵等问题，为制定精准有效的规制策略提供依据。利用 AI 技术强化对网络版权市场的实时监控能力，通过算法模型预测和预警可能的垄断风险，并采取针对性措施进行干预。

（三）加强版权和反垄断的社会参与

鼓励社会各界监督版权市场的公平竞争，建立便捷有效的举报投诉渠道，并对举报属实的情况给予相应的奖励，以提高版权产业反垄断的执行效率和社会参与度。加强社会公众参与，鼓励社会各界积极参与到版权立法与规制改革中来，通过专家咨询、公众听证等方式集思广益，提高法律法规的科学性和民主性。加强版权法与反垄断法的普及教育，提高公众对版权保护、公平竞争的认识，形成尊重版权、抵制垄断的良好社会氛围。

（四）加强跨部门协同创新机制

建立一体化的版权与反垄断监管平台，提升监管效能。定期对市场进行监测与评估，及时发现并纠正可能引发垄断的风险行为。鼓励和支持第三方机构、行业组织等在版权许可和反垄断规制中的积极作用。对企业而言，应主动遵守法律法规，避免通过独家许可等方式获取和维持市场垄断地位；同时，倡导和实践透明、公正的版权交易规则，积极配合政府监管，主动承担社会责任，促进产业健康、有序发展。同时，要推动建立公平竞争的市场环境，鼓励多元主体参与版权交易，通过市场竞争促进内容创新与服务质量提升。

（五）开放许可与版权制度协同创新的建议

在实践中，应进一步强化版权登记与追踪系统。建立高效的数字化版权登记平台，利用区块链等技术提高版权确认和追踪能力，确保版权归属明确且易于追踪侵权行为。

1. 制定适用于数字环境的版权许可机制

创建适应数字化生产和消费模式的版权许可制度，如明确数字环境下合理使用的具体情况，推广开放式许可协议（如 Creative Commons），鼓励非独家许可模式，降低市场进入壁垒。增强跨区域和跨国界的版权保护合作。

2. 构建版权生态链治理机制

鼓励版权产业链各环节的参与者共同参与版权生态建设，通过行业协会、自律组织等方式，探索构建自治、协作、透明的版权治理体系，助力数字版权产业健康发展。政府应积极履行公共服务职能，通过政策制定和实施，平衡创作者、版权持有者、企业与消费者之间的利益关系，避免版权保护措施被滥用导致市场垄断。同时，建立健全版权与反垄断的协同监管机制，加大对违法行为的惩处力度，彰显公权力的权威性和公正性。

从更广泛的意义上来看，垄断问题本质上是社会资源分配和权力结构的问题。应推动形成公平、开放、共享的数字内容生态系统，确保所有市场参与者都有平等的机会获取和使用版权资源。同时，通过教育和宣传，提升公众对版权和反垄断问题的认识，培育健康的版权文化和市场氛围，通过加强版权领域公共法律服务，构建数字版权的预防性法律制度，实现知识产权治理体系和治理能力的现代化。

3. 推进国际版权保护法律体系的协调统一

加强跨境版权执法合作，构建覆盖全球的版权保护网络，解决跨国版权纠纷。推进适应新业态的版权法规修订。针对新兴业态如数字图书馆、云存储、在线教育、社交媒体等，适时修订版权法，明确规定新业态下的版权归属、使用权、转让权等事项，保护创作者和消费者的合法权益。通过国际合作，推动全球范围内版权保护与反垄断法规的协调统一。

总结而言，本书的理论探讨和实证分析为数字版权立法改革提供了新的思考角度和政策建议，强调立法应当在保护创作者权益与维护市场竞争之间寻找平衡点，同时考虑到技术进步带来的新挑战。在司法实践中，应充分认识到数字版权产业垄断问题的复杂性，运用多学科理论进行深入分析，确保判决结果既符合法律规定，又能有效回应市场和社会关切，从而推动版权法与反垄断法在数字时代的深度融合与创新发展。深入挖掘了数字版权产业垄断问题的实质与根源，立足经济学理论与实证分析，通过汲取政治学、社会学、法学等多学科智慧，为版权经济理论与反垄断法规制的协同进化奠定了坚实的理论基础，并为解决这一全球性议题提供了富有前瞻性和实效性的对策建议。

二、反垄断法的未来趋势

在法律层面，我国应在现行版权法和反垄断法框架内，对垄断行为进行明确定义和分类，明确规制红线。修订和完善相关法律条款，增设适应数字时代特征的版权许可与流转规则，确保法律规定的前瞻性与灵活性。制定适应数字经济时代特点的版权法修正案或补充规定，明确涉及区块链、人工智能、大数据等新技术环境下的版权确权、许可使用、侵权认定及赔偿标准等规则。鉴于数字版权产业的特点，版权法应与时俱进，对数字版权的归属、流转、保护期限、许可模式等方面进行明确和详细的规定，以适应数字时代版权保护的新需求。例如，针对独家许可可能导致的市场垄断问题，可以设定合理的许可期

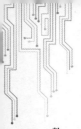

限和许可条件，鼓励非独家许可或交叉许可，保障市场竞争。

在这个过程中，法律的稳定性和连续性极为关键，法律应当作为制度的基石和保障，为数字版权产业反垄断提供坚实的法律依据和有力的司法支撑。同时，完善并更新反垄断法规，将新兴数字平台纳入监管范畴，明确规定滥用市场支配地位在版权交易领域的表现形式和法律责任，尤其是针对独家授权、算法推荐可能引发的市场竞争障碍。对监管而言，基于市场效率和社会福利最大化原则，建议政府在保护版权的同时，适度限制可能导致市场垄断的独家许可行为，鼓励非独家许可和交叉许可模式，以促进市场竞争和内容创新。同时，通过税收优惠等经济政策激励版权资源的合理分配和使用。

通过对数字版权产业中垄断问题的深入研究和分析，从垄断形成的机理和实证分析出发，提出具有前瞻性的法律框架和规制理念，密切关注新兴技术和商业模式的发展趋势，适时调整和完善版权法和反垄断法规，确保规制框架适应数字版权产业未来发展的需求，防范潜在的垄断风险。

从规制经济学角度看，市场效率理论强调，有效规制应保障市场公平竞争，防止市场失灵，尤其是因滥用版权导致的市场垄断。新兴技术和商业模式可能会加剧市场的信息不对称性和资源集中度，因此需要前瞻性的法律框架来预防和纠正潜在的市场扭曲现象。前瞻性的法律制度应当鼓励内容创作者和平台企业之间的合作竞争，通过合理的版权许可机制和反垄断规则，激发创新活力，同时避免过度的版权保护抑制知识传播和技术扩散。

同时，综合法学、政治学和政治经济学、社会学等领域知识体系，进行综合立体的制度设计。从法学角度看，立法必须具有预见性和灵活性，以应对不断演变的技术环境和商业模式。对于数字版权产业而言，这意味着版权法要能解决诸如算法推荐、数据驱动的版权使用和分配、虚拟现实等新技术条件下的权属问题，同时反垄断法也要明确规制网络效应、平台经济中的主导地位滥用等问题。知识产权法的平衡原则要求在保护创作者权益与促进作品广泛传播之间找到适宜的平衡点，通过调整合理使用、法定许可、公共领域界定等制度设计，确保版权规制既能激励创作，又能防止版权壁垒阻碍市场竞争和社会福祉。

从政治学与政治经济学角度看，政策制定者需积极回应利益相关者的诉求，通过广泛的公众参与和社会协商，形成反映多元价值观念和市场需求的前瞻规制理念。政府应扮演好"守夜人"角色，通过政策引导和监管干预，维护版权市场的有序竞争，防止大型科技公司利用版权优势实施不正当竞争或市场封锁行为。国际视野下，国家间的版权法和反垄断法需要相互借鉴和协调，共同面对全球化垄断挑战，构建有利于数字经济国际协作和竞争的规制体系。

从社会学角度看，社会变迁理论强调规制政策应随着社会结构、价值观和技术创新的变化而发展。针对数字版权产业，法律框架需充分考虑互联网时代用户生产内容（UGC）和共享经济的发展趋势，尊重和保护用户的创作权益，同时防范由于技术巨头对版权资源的过度控制引发的社会公平问题。

综上所述，在快速发展的数字版权产业背景下，建立前瞻性的版权法和反垄断法规框架，需要各学科知识的融会贯通，紧密跟踪和深

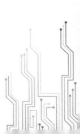

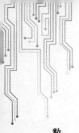

入理解技术发展趋势，借鉴国内外成功经验和教训，才能确保法律制度既保护了创新动力，又维护了公平竞争的市场秩序，从而实现产业持续健康发展。我国在实现前瞻性版权法和反垄断法规的过程中，需充分融合最新前沿技术，以法治创新和技术创新双轮驱动的方式，不断优化和完善规制体系，从而有效防范数字版权产业中的垄断风险，促进该领域健康、有序、持续发展。

（一）坚持并购审查的包容审慎

对涉及数字版权领域的重大企业并购行为进行严格的反垄断审查，评估合并后是否会产生或增强市场支配地位，以及是否存在潜在排除、限制竞争的行为。如果并购将导致市场竞争减弱，反垄断执法机构应阻止此类并购，以保护市场的有效竞争格局。

（二）禁止滥用市场支配地位

对于已经拥有市场支配地位的企业，反垄断法要求它们不得滥用这一地位来排挤竞争对手、设定不合理交易条件，或者妨碍其他市场主体进入市场。例如，大型平台不能利用其市场优势地位强迫版权持有者签署独家协议，从而剥夺其他合法经营者获取内容的权利。

（三）倡导版权领域的公平交易原则

保障权利人和消费者的利益，要求平台企业在使用他人版权作品时遵循公平、合理和无歧视的原则（FRAND），这既适用于技术专利许可，也适用于版权授权，以避免大企业凭借自身实力强加不公平条款。

（四）促进数据和内容的可移植性

为了打破封闭式生态系统对用户的锁定效应，反垄断监管有可能要求平台允许用户更方便地转移个人数据和已购内容，降低用户转换平台的成本，从而鼓励市场竞争。

然而，由于数字内容平台的特性，单纯的反垄断未必能够真正适合数字经济发展规律，也不能从本源上解决数字经济加剧数字版权产业垄断的问题。在数字技术推动下，版权的特点发生了颠覆性变化，传统的制度也应进行重塑，以适应这种新技术背景下的数字版权新特点。如何完善版权制度，既保护权利人的利益，又保障作品向公众公开，维护使用者与社会利益，并给予创作者合理回报、激励，反对由于版权保护带来的过度集中而形成的损害市场竞争秩序的垄断危害，成为重要课题。

未来研究可进一步聚焦于数字版权产业中垄断的动态演变趋势预测，大力提倡跨学科合作，集合经济学、法学、社会学、计算机科学等领域的专家力量，从多维度深入剖析数字版权产业垄断问题。通过

整合多学科理论框架，从市场结构与版权集中度动态模型构建方面，建立反映数字版权市场结构动态变化的模型。

三、关注数字版权产业动态发展趋势预测

基于对当前垄断现象的深入理解和多学科理论支撑，深入研究新兴数字版权的动态特性，包括多边市场、双边市场、网络效应以及数据驱动的竞争行为等。开发适应于这些特性的市场界定模型和评估工具，以便更准确地识别并量化市场竞争状况。对数字版权领域的新型商业模式（如订阅服务、交叉补贴、捆绑销售、算法歧视等）进行经济分析，明确其对市场竞争及消费者福利的影响，并为相关政策制定提供理论依据。

同时，探讨在鼓励技术创新的同时如何防止技术优势被滥用以形成市场壁垒。这可能需要重新审视知识产权法规，尤其是在大数据、人工智能和区块链等新技术背景下的版权保护机制。设计和实施激励创新和公平竞争的版权许可制度，例如开放许可协议或强制许可制度，在保证创作者权益的前提下促进内容的广泛传播和利用。此外，鉴于数字版权的全球性和跨地域性特点，开展国际合作研究，推动建立跨国反垄断协调机制，解决跨境侵权、市场分割、监管套利等问题。分析不同国家和地区在数字版权领域的反垄断立法差异及其影响，提出统一或兼容性的国际反垄断标准建议。

四、加强监管科技在反垄断规制中的应用研究

建议开发适合快速变化数字版权的动态监管框架和技术手段，包括实时监测平台行为、预测市场发展趋势、利用大数据和机器学习优化决策支持系统等。定期评估现行反垄断法规的有效性，并根据市场环境的变化及时调整和完善相关法律法规，确保政策的前瞻性和灵活性。加强对用户隐私权、选择权和知情权的研究，探究算法透明度、数据使用规则对市场竞争的影响，并将其纳入反垄断考量范畴。

制定相关政策要求企业公开其交易规则、定价策略、数据收集和处理方式等信息，提高数字版权的透明度。通过降低市场准入门槛、提供财政支持和税收优惠等政策，鼓励和支持中小微企业进入数字版权，以及原创内容创作者的持续创新活动。在反垄断政策中明确对中小微企业和原创内容创作者的倾斜保护措施，避免大企业在市场中的过度集中造成新生力量的发展受限。

五、推进数字版权领域研究的多学科交叉融合

融合社会科学与自然科学方法，结合定性研究与定量研究方法，运用复杂网络理论、博弈论、机器学习等先进技术，对垄断现象进行更精细的刻画与分析。深化理论与实践的融合。密切关注国内外版权

法与反垄断法的最新立法动态和司法判例，将理论研究成果与实际案例相结合，以求研究成果更具现实指导意义。

深入分析法律环境的变更对垄断行为的影响，包括版权法与反垄断法的协同作用如何调整，以及社会公众对于垄断的态度转变对立法和执法的影响。关注政策调整、市场竞争规则演变等因素如何塑造垄断的未来图景。优化数字时代的生态融合。探索垄断现象对社会公平、文化多样性以及消费者权益保护等方面产生的长远影响，从消费者、创作者、平台企业等多个利益主体的角度出发，研究垄断对社会整体福利、文化多样性、技术创新等多方面的影响，提出更为全面平衡的政策建议。通过不断拓展研究方法、深化理论分析，以及紧密跟踪行业动态和法律变革，力争解决数字版权产业垄断问题，以更多有效的方法和手段推动数字版权产业的持续健康发展并维护市场的公平竞争和消费者权益。

由于数字版权产业垄断是一个复杂性问题，在新质生产力的指引下，应持续关注创新驱动，紧密结合不断演进的技术环境和社会需求，深入探讨在大数据、人工智能和区块链等新技术背景下的版权保护机制，充分考虑数字版权复杂且独特的竞争特性，设计和实施激励创新和公平竞争的版权许可制度；探索数字版权领域的商业模式创新及应用，并为相关政策制定提供理论依据。进一步探索数字版权价值的评估方法、数字版权管理技术的创新与应用、跨国数字版权产业垄断的规制等问题，构建一个既能够有效维护市场公平竞争又能够激发创新活力的政策体系，切实推动高质量发展，密切关注国内外版权法与反垄断法的最新立法动态和司法判例，将理论研究成果与实际案例相结合，以更多有效的方法和手段推动数字版权产业的持续健康发展，为实现创新驱动发展战略和建设社会主义现代化强国做出积极贡献。

参 考 文 献

一、中文专著和译著

［美］贝蒂格.2009.版权文化——知识产权的政治经济学［M］.沈国麟，
韩绍伟，译.北京：清华大学出版社.

陈昕.2017.出版经济学研究［M］.上海：格致出版社.

［美］德雷特勒.2003.知识产权许可（上、下）［M］.王春燕等，译.北京：
清华大学出版社.

金永成，许桂芬.2021.数字内容产业的创新与发展［M］.上海：学林出
版社.

［美］克伍卡，怀特.2007.反托拉斯革命.经济学、竞争与政策［M］.林平，
臧旭恒等，译.北京：经济科学出版社.

［美］兰德斯，波斯纳.2016.知识产权法的经济结构(中译本第二版)［M］.
金海军，译.北京：北京大学出版社.

李明德.2014.知识产权法（第二版）［M］.北京：法律出版社.

王先林.2020.知识产权与反垄断法——知识产权滥用的反垄断问题研究
（第三版）［M］.北京：法律出版社.

［美］威廉姆森 . 2014. 反垄断经济学——兼并、协约和策略行为［M］.
　黄涛，译 . 北京：商务印书馆 .

吴汉东 . 2014. 知识产权法［M］. 北京：法律出版社 .

习近平 . 2022. 高举中国特色社会主义伟大旗帜 为全面建设社会主义现代
　化国家而团结奋斗——在中国共产党第二十次全国代表大会上的报告
　（2022 年 10 月 16 日）［M］. 北京：人民出版社 .

习近平 . 2023. 习近平著作选读 第一卷［M］. 北京：人民出版社 .

叶明 . 2019. 互联网经济对反垄断法的挑战及对策［M］. 北京：法律出版社 .

赵国栋 . 2018. 数字生态论［M］. 杭州：浙江人民出版社 .

中共中央党史和文献研究院 . 2023. 十九大以来重要文献选编（下）［M］.
　北京：中央文献出版社 .

二、中文期刊、报纸、论文

卞德龙 . 2023. 版权保护助力数字文化产业发展［N］. 南方日报，06–09
　（A05）.

宾雪花 . 2012. 产业政策法与反垄断法之协调制度研究［D］. 长沙：中南
　大学 .

蔡幸波 . 2007. 中国数字内容产业及知识产权保护［J］. 中国发明与专利，
　（07）：13.

曾田 . 2019. 网络内容平台竞争与反垄断问题研究［J］. 知识产权，（10）：
　45–60.

曾杨欢 . 2017. 反垄断不公平高价行为研究［D］. 南昌：江西财经大学 .

陈白.2021.短视频版权战反思:数字版权规则亟待厘清[N].经济观察报,
　　05–03(008).

陈彬.2010.数字阅读最新畅销书难在哪里?[N].科技日报,09–27(012).

陈炳蕙.2022.数字音乐版权独家授权商业模式的法律问题研究——以反
　　垄断法为视角[J].河南理工大学学报(社会科学版),23(01):
　　17–23.

储俊杰.2020.电子竞技类游戏直播画面的著作权问题研究[D].南昌:
　　南昌大学.

崔国斌.2016.认真对待游戏著作权[J].知识产权,(02):3–18+2.

邓子健,来学嘉,何大可.2009.支持权利二次交易的数字版权保护模型
　　[J].计算机工程,35(20):20–22.

董雪兵.2007.软件知识产权保护制度研究[D].杭州:浙江大学.

EVANS D S.2013.网络平台间的注意力竞争[J].电子知识产权,(09):
　　30–41.

方燕.2018.数字音乐版权独家授权的经济学分析及其启示[J].法治研究,
　　(05):44–48+41.

冯博,刘龙.2023.独家交易、创新激励与福利效应——基于数字版权协
　　议的分析[J].财经问题研究,(08):37–54.

冯晓青.2017.网络游戏直播画面的作品属性及其相关著作权问题研究
　　[J].知识产权,(01):3–13.

高富平.2011.寻求数字时代的版权法生存法则[J].知识产权,(02):
　　10–16.

高巧智.2021.数字音乐作品许可使用研究[D].南昌:南昌大学.

高雅奇.2020.区块链技术在电子书产业新生态中的应用探讨[J].计算

机时代，（10）：48-51.

顾敏康．2011.竞争政策对竞争法制的影响［J］.法学，（09）：102-108.

韩平，刘小路．2015.内容银行构建对我国数字内容产业发展的必要性研究［J］.北京工业大学学报（社会科学版），15（01）：28-34.

何蓉．2019.数字图书馆利用作品的著作权限制研究［D］.武汉：中南财经政法大学．

何向莲．2018.上海数字内容产业贸易竞争力分析与思考［J］.编辑学刊，（04）：12-16.

黄镕．2012.著作权合理使用判断的效率标准——法律经济学视角的分析［J］.浙江社会科学，（01）：59-65+157.

江莹，靳帆，张志强．2019.国际数字版权研究进展［J］.北京理工大学学报（社会科学版），21（02）：175-181.

蒋潇君．2016.互联网企业滥用市场支配地位行为的反垄断法规制研究［D］.北京：对外经济贸易大学．

蒋一可．2019.网络游戏直播著作权问题研究——以主播法律身份与直播行为之合理性为对象［J］.法学杂志，40（07）：129-140.

金胜勇，章亭．2021.英国电子书公共借阅权补偿金制度对我国的启示［J］.图书情报工作，65（05）：136-143.

匡惠华．2009.数字内容产业发展的秩序构建［D］.湘潭：湘潭大学．

赖爱华．2015.数字内容产业知识产权授权模式研究［J］.现代情报，35（03）：104-108.

黎苑楚．2006.信息产业演进规律与发展模式研究［D］.武汉：武汉大学．

李爱勤，胡群．2010.影响我国数字内容产业发展的关键因素研究［J］.

现代情报，30（10）：61-63.

李峰．2013.网络经济条件下滥用市场支配地位之法律规制研究［D］.济南：山东大学．

李广乾，郭冠清．2002.软件盗版的经济学分析［J］.福建论坛（人文社会科学版），（03）：85-90.

李嘉文，杨勤丰．2007.知识产权构建数字内容产业基本秩序［J］.中国发明与专利，（07）：12.

李明颖．2008.中国数字音乐产业运营研究［D］.成都：四川大学．

李涛．2008.知识产权保护与侵权的经济学分析［D］.长沙：中南大学．

李薇．2013.数字版权保护技术未来实施策略［J］.出版参考，（28）：19-20.

李晓晨．2020.网络游戏直播的著作权合理使用研究［D］.广州：广东外语外贸大学．

李勇坚．2020.从市场结构视角看游戏直播版权［J］.新经济导刊，（02）：53-58.

李勇坚．2021.互联网平台数据垄断：理论分歧、治理实践及政策建议［J］.人民论坛·学术前沿，（21）：56-66.

李玉．2010.数字时代再问版权制度［N］.中国社会科学报，12-16（002）.

刘家瑞．2019.论美国数字音乐版权制度及启示［J］.知识产权，（03）：87-104.

刘浏，闻凯．2021.论网络版权产业发展的挑战及其法律应对——基于河北省网络版权产业情况调研［J］.河北法学，39（08）：186-200.

刘乾．2021.网络文学作品授权合同问题研究［D］.上海：上海师范大学．

刘淑华．2005.知识产权的权利限制研究［D］.湘潭：湘潭大学．

刘银娣.2011.我国数字内容产业价值链建设初探[J].编辑之友,(10):67-70.

龙俊.2020.数字音乐版权独家授权的竞争风险及其规制方法[J].华中科技大学学报(社会科学版),34(02):83-94.

陆睿,刘卉,廖志成,等.2011.一个数字内容交易系统的设计与实现[J].计算机应用与软件,28(08):135-137+145.

吕明瑜.2018.数字音乐版权独家授权的垄断规制问题[J].法治研究,(05):51-53+41.

马祥祐.2002.论美国司法部诉微软公司垄断案在产业经济学上的意义[J].中国社会科学院研究生院学报,(S1):35-39.

潘道远,李凤亮.2019.区块链与文化产业——数字经济的新实践趋势[J].文化产业研究,(01):2-13.

彭晓韵,宋迪.2011.平台与内容的共赢之路——数字内容产业的时代[J].中国传媒科技,(04):26-31+2.

平安.2015.黑龙江省数字内容产业发展研究[D].哈尔滨:哈尔滨商业大学.

戚聿东,李颖.2018.新经济与规制改革[J].中国工业经济,(03):5-23.

任洲鸿,尹振宇.2016.知识产权的政治经济学分析:以微笑曲线为例[J].当代经济研究,(01):71-76.

阮思宇.2011.论知识产权的权利限制[D].长春:吉林大学.

SCHMIDT H K.2018.驯悍记:数字经济下的市场力量需要一个全新定义吗[J].詹馥静,译.竞争法律与政策评论,(1):131-167.

司婷婷.2018.电子游戏的网络直播之著作权问题研究[D].济南:山东大学.

宋培义，黄昭文．2014.中国广播影视数字内容产业价值链模式构建［J］.
现代传播（中国传媒大学学报），36（05）：107-110.

孙钰钢．2019.数字音乐版权独家代理模式的反垄断法分析［J］.南方论刊，
（09）：55-58.

汤道生．2016.数字内容产业的生态进化［J］.中国出版，（15）：11-
12.

仝佳佳．2019.论数字时代我国音乐著作权集体管理［D］.武汉：华中科
技大学．

涂萌，王贝贝．2023.区块链存证于数字版权司法保护的优势与局限［J］.
重庆邮电大学学报（社会科学版），35（06）：63-71+79.

王斌．2020.数字技术，媒体深融发展的重要驱动力［J］.新闻战线，（22）：
64-68.

王东君．2012.数字版权管理的法律限制问题研究［D］.武汉：武汉大学．

王光文．2008.数字内容产业及其在中国西部地区的发展［J］.内蒙古社
会科学，（01）：107-112.

王海歌，陈丹．2021.数字经济时代网络文学商业模式探究［J］.中国报业，
（22）：46-47.

王健铮．2021.数字音乐版权独家交易反垄断法律问题研究［D］.哈尔滨：
黑龙江大学．

王俊美．2016.数字版权合理使用面临难题［N］.中国社会科学报，
10-10（003）.

王迁．2016.电子游戏直播的著作权问题研究［J］.电子知识产权，（02）：
11-18.

王诗庆．2023.数字音乐版权独家授权下的相关市场界定及规制［J］.传

播与版权，（09）：118-121.

王万山．2004．软件产权法律保护度的经济学分析［J］．情报理论与实践，（06）：590-594.

王先林．2013．我国反垄断法适用于知识产权领域的再思考［J］．南京大学学报（哲学．人文科学．社会科学版），50（01）：34-43+159.

王新华，梁伟栋．2011．知识产权法律保护的经济学分析——以利益平衡观为视角［J］．江西社会科学，31（06）：157-161.

王学琴，陈雅．2014．国内外数字文化产业内涵比较及现状研究［J］．数字图书馆论坛，（05）：39-44.

王岩．2020．数字音乐版权独家授权的反垄断法规制——以纵向非价格垄断协议为分析进路［J］．出版发行研究，（07）：85-91+84.

王苑亭．2019．新经济行业企业合并反垄断法规制研究［D］．北京：对外经济贸易大学．

未江涛，常旭蕊．2015．知识产权政策的经济学逻辑——以音乐产品和《著作权法》为例［J］．中共南京市委党校学报，（03）：35-40.

吴汉洪，董笃笃．2017．美国知识产权领域反托拉斯政策发展评析及其启示［J］．竞争政策研究，（02）：5-16.

吴汉洪，刘雅甜．2018．中国反垄断领域的成就和挑战——纪念中国《反垄断法》实施十周年［J］．东北财经大学学报，（05）：28-34.

吴佳俊．2020．电子游戏网络直播的著作权合理使用研究［D］．北京：中国政法大学．

吴太轩，谭羽．2019．数字音乐版权独家授权协议的反垄断法分析［J］．竞争政策研究，（04）：38-46.

伍文卓．2014．中国数字内容产业发展研究［D］．北京：北京邮电大学．

相丽玲，刘红丽．2012．数字内容产业的演化路径及研究评价［J］．情报理论与实践，35（07）：14-18．

向雪飞，田宏明．2023．数字音乐版权保护研究综述（2015-2023 年）［J］．传媒论坛，6（16）：44-46+64．

谢琳．2017．网络游戏直播的著作权合理使用研究［J］．知识产权，（01）：32-40+45．

谢友宁，杨海平，金旭虹．2010．数字内容产业发展研究——以内容产业评估指标为对象的探讨［J］．图书情报工作，54（12）：54-58+73．

熊澄宇，孔少华．2015．数字内容产业的发展趋势与动力分析［J］．全球传媒学刊，2（02）：39-53．

熊晓彪，华雨．2015．智力成果保护合理性之法经济学分析［J］．重庆科技学院学报（社会科学版），（05）：25-28．

许安碧．2017．网络游戏直播中的著作权问题探究［J］．政法学刊，34（01）：13-19．

闫静．2021．数字音乐版权独家授权的反垄断法规制逻辑及展开［J］．科技与法律（中英文），（02）：86-94．

阎晓宏．2023．数字经济中的版权力量［J］．中国出版，（08）：3-6．

杨东．2020．论反垄断法的重构：应对数字经济的挑战［J］．中国法学，（03）：206-222．

杨秀云，李敏，李扬子．2021．数字文化产业生态系统优化研究［J］．西安交通大学学报（社会科学版），41（05）：127-135．

叶明，张洁．2018．利益平衡视角下的数字音乐版权独家授权模式研究［J］．电子知识产权，（11）：32-42．

易继明．2013．禁止权利滥用原则在知识产权领域中的适用［J］．中国法学，

（04）：39–52.

殷继国．2023.数字时代版权滥用的竞争损害及其法律规制——数字平台
　　版权滥用行为的法律规制学术研讨会综述［J］.竞争政策研究，（04）：
　　84–91.

于立．2010.中国反垄断经济学的研究进展［J］.广东商学院学报，（05）：
　　39–47.

袁琳．2013.中国数字图书消费市场研究［D］.上海：上海大学．

詹馥静，王先林．2018.反垄断视角的大数据问题初探［J］.价格理论与
　　实践，（09）：37–42.

詹馥静．2019.发挥竞争政策在区域一体化发展中的作用［N］.社会科学
　　报，08–01（004）．

詹馥静．2019.数字市场中的单方排他性和剥削性行为——中国的视角
　　［J］.竞争政策研究，（05）：65–76.

詹馥静．2020.大数据领域滥用市场支配地位的反垄断规制——基于路径
　　检视的逻辑展开［J］.上海财经大学学报，22（04）：138–152.

詹馥静．2023.反垄断执法和解的新定位——从附属适用到独立适用［J］.
　　政治与法律，（07）：129–144.

詹馥静．2023.数字内容平台滥用市场力量的反垄断规制分析［J］.华中
　　科技大学学报（社会科学版），37（05）：31–42.

展强．2019.数字经济视角下短视频的内容引导与版权保护［J］.新闻前哨，
　　（06）：113–114.

张凤灵．2024.数字音乐版权独家授权的反垄断法规制［J］.中国价格监
　　管与反垄断，（02）：40–44.

张俊发．2021.论著作财产权配置的效率原则［D］.南京：南京师范大学．

张坤.2017.互联网行业反垄断研究［D］.长沙：湖南大学.

张立，吴素平，周丹.2021.国内外数字内容产业概念追踪与辨析［J］.出版发行研究，（04）：43-47.

张立.2005.数字出版的若干问题讨论［J］.出版发行研究，（07）：13-18.

张伟君.2008.知识产权滥用规制制度研究［D］.上海：同济大学.

张小强，魏玉凤.2011.论网络外部性的法学意义［J］.南京审计学院学报，8（03）：74-79.

张小强.2007.网络经济的反垄断法规制［D］.重庆：重庆大学.

张鑫.2019.互联网＋背景下网络游戏直播中的合理使用问题研究［J］.电子商务，（11）：26-27.

赵帅杰.2023.2022年我国数字出版产业收入规模逾1.35万亿元［N］.人民日报，10-08（001）.

赵志立.2007.文化产业发展要重视新的文化业态［J］.成都大学学报（社会科学版），（05）：3-5+12.

郑成思.1998.中国知识产权保护的新发展［J］.河南大学学报（社科版），（04）：110-113.

中国数字出版产业年度报告课题组，崔海教，王飚，等.2023.2022—2023中国数字出版产业年度报告（摘要）［J］.出版发行研究，（09）：7-13.

中国数字出版产业年度报告课题组，张立，王飚，等.2021.2020—2021年中国数字出版年度发展报告（摘要）——十三五收官之年的中国数字出版［J］.出版发行研究，（11）：35-40.

钟刚.2009.反垄断法豁免制度研究［D］.北京：中国政法大学.

周斌. 2013. 版权在图书馆的滥用与法律规制［J］. 情报理论与实践，36（02）：31-34.

周念利，王达，吴希贤. 2023. RTAs 框架下的数字知识产权规则能否促进数字内容贸易？［J］. 世界经济研究，（10）：30-43+103+135-136.

朱海就. 2021. 静态效率与动态效率［N］. 深圳特区报，09-07（B03）.

三、英文专著

CARRIER M A. 2010. Innovation for the 21st Century: Harnessing the Power of Intellectual Property and Antitrust Law［M］. Oxford: Oxford University Press.

CHESBROUGH H W. 2003. Open Innovation: The New Imperative for Creating and Profiting from Technology［M］. Brighton: Harvard Business School Press.

CHRISTOPHER G P. 2001. Virtual Monopoly［M］. Boston: Nicholas Brealey Publishing.

COHEN J E. 2012. Configuring the Networked Self［M］. New Haven: Yale University Press.

CYERT R M, MARCH J G. 1963. A Behavioral Theory of the Firm［M］. Upper Saddle River: Prentice-Hall.

EINHORN M A. 2004. Media, Technology and Copyright: Integrating Law and Economics［M］. Cheltenham: Edward Elgar Publishing.

GANTZ J, ROCHESTER J B. 2004. Pirates of the Digital Millennium: How the

Intellectual Property Wars Damage Our Personal Freedoms, Our Jobs, and the World Economy [M]. Upper Saddle River: FT Press.

GILLESPIE T, SHUT W. 2007. Copyright and the Shape of Digital Culture[M]. Cambridge: MIT Press.

GORDON W, WATT R. 2002. Copyright and Antitrust Issues (ed.) [M]. Cheltenham: Edward Elgar Publishing.

KAHIN B, VARIAN H R. 2000. Internet Publishing and Beyond: The Economics of Digital Information and Intellectual Property [M]. Cambridge: MIT Press.

KELLEZI P, KILPATRICK B, KOBEL P. 2019. Liability for Antitrust Law Infringements & Protection of IP Rights in Distribution [M]. Cham: Springer.

KOREN N, SALZBERGER E. 2004. Law, Economics and Cyberspace: The Effects of Cyberspace on the Economic Analysis of Law [M]. Cheltenham: Edward Elgar Publishing.

KOREN N, SALZBERGER E. 2012. The Law and Economics of Intellectual Property in the Digital Age——The Limits of Analysis [M]. London: Routledge.

LESSIG L. 2004. Free Culture: How Big Media Uses Technology and the Law to Lock Down Culture and Control Creativity [M]. New York: Penguin Press.

LESSIG L. 2006. Code: And Other Laws of Cyberspace [M]. Version 2.0, New York: Basic Books.

LESSIG L. 2008. Remix: Making Art and Commerce Thrive in the Hybrid Economy [M]. New York: Penguin Press.

参考文献

LESSIG L. 2011. Intellectual Property Issues for Digital Libraries at the Intersection of Law, Technology, and the Public Interest [M] . New York: Grand Central Publishing.

PATRY W. 2019. Patry on Fair Use [M] . Eagan: Thomson West.

POLTORAK A I, LERNER P J. 2011. Essentials of Intellectual Property: Law, Economics, and Strategy, 2nd Edition [M] . Hoboken: Wiley.

SCOTCHMER S. 1998. Incentives to Innovate, in Peter Newman (ed.) [M] . The New Palgrave Dictionary of Economics and the Law, London: Macmillan.

SHAPIRO C, VARIAN H R. 1998.Information Rules: A Strategic Guide to the Network Economy [M] . Brighton: Harvard Business Press.

WATT R. 2003. The Economics of Copyright [M] . Cheltenham: Edward Elgar Publishing.

WERNERFELT B. 1984. A Resource-Based View of the Firm [J] . Strategic Management Journal, 5(2): 171-180.

四、英文论文

DEPOORTER B, PARISI F. 2002. Fair Use and Copyright Protection: A Price Theory Explanation [J] . International Review of Law and Economics, 21(4): 453-473.

DURHAM A L. 2006. Consumer Modification of Copyright Works [J] . Indiana Law Journal, 81(3): 851-915.

FRISCHMANN B M, LEMLEY M. 2007. Spillovers [J] . Columbia Law Review, 107(1): 257–301.

GHOSE A, Han S P. 2011. An Empirical Analysis of User Content Generation and Usage Behavior on the Mobile Internet [J] . Management Science, 57(9): 1671–1691.

GOLDSTEIN P. 1983. Derivative Rights and Derivative Works in Copyright [J] . Copyright Society of the U.S.A., 30(3): 209–252.

KATZ M L, SHAPIRO C. 1985. Network Externalities, Competition, and Compatibility [J] . The American Economic Review, 75(3): 424–440.

KOREN N. 1998. Copyright in Cyberspace – Rights without Laws [J] . Chicago – Kent Law Review, 73(101): 101–143.

LANDES W, POSNER R. 1989. An Economic Analysis of Copyright Law [J] . 18(2): 325–363.

MICHELE B, LEVINE D. 2009. Does Intellectual Monopoly Help Innovation? [J] . Review of Law & Economics, De Gruyter, 5(3): 991–1024.

MORTIMER J H, NOSKO C, SORENSEN A. 2012. Supply Responses to Digital Distribution: Recorded Music and Live Performances [J] . Information Economics and Policy, 24(1): 3–14.

POSNER R A. 2005. Intellectual Property: The Law and Economics Approach [J] . Journal of Economic Perspectives, 19 (2): 57–73.

STANLEY B M, RASKIND L. 1991. An introduction to the Law and Economics of Intellectual Property [J] . Journal of Economic Perspectives, 5 (1): 3–27.

TEHRANIAN J. 2005. Whither Copyright? Transformative Use, Free Speech and an Intermediate Liability Proposal [J] . Brigham Young University

参考文献

Law Review, 2005(5): 1201–1257.

WALDFOGEL J. 2012. Copyright Protection, Technological Change, and the Quality of New Products: Evidence from Recorded Music since Napster[J]. Journal of Law and Economics, 55(4): 715–740.

WERNERFELT B. 1984. A Resource-Based View of the Firm [J]. Strategic Management Journal, 5(2): 171–180.

WOO J. 2004. Redefining the Transformative Use of Copyrighted Works: Toward a Fair Use Standard in the Digital Environment [J]. Hastings Communications and Entertainment Law Journal, 27(1): 51–77.

XIE Danxia, HUANG Jinglei. 2021. Sequential Innovation and The Distribution of Profit: From Theory to Data [C] //2021 American Law and Economics Association Annual Meeting (ALEA), 2021 International Industrial Organization Conference (IIOC).

附　录

数字版权产业垄断影响消费者权益调查问卷

尊敬的消费者，您好！

我们正在进行一项关于数字版权产业垄断对消费者权益影响的研究，期待了解消费者在面对数字版权产业垄断现象时的真实体验和观点。本问卷采用匿名方式，所有信息仅供研究分析，请您安心填写。为了确保问卷顺利回收，烦请您在完成问卷后，将问卷答案通过短信形式发送至手机号：19910139699。在此，衷心感谢您抽出宝贵时间参与本次问卷调查！

1. 您的年龄段：[单选题]

　　○ 18 岁以下

　　○ 18~24 岁

　　○ 25~34 岁

　　○ 35~44 岁

　　○ 45 岁以上

2. 您主要消费的数字内容类型（多选）：[多选题]

　　□数字音乐与流媒体服务

　　□网络电影、电视剧及视频平台内容

　　□电子书、在线杂志与新闻

　　□移动应用、软件与游戏

　　□在线教育课程、学术资源

　　□数字艺术品、VR/AR 内容

　　□其他（请说明）＿＿＿＿＿＿＿＿＿

3. 您是否认同当前数字版权产业存在垄断现象，导致特定内容或服务获取难度增大？[单选题]

　　○完全同意

　　○较为同意

　　○中立

　　○不太同意

　　○完全不同意

4. 最近一年内，您是否有因数字版权产业垄断而无法购买或访问到所需内容或服务的情况？[单选题]

　　○经常遇到

　　○偶尔遇到

　　○从未遇到

5. 当某一类型的数字内容只由一家或几家企业独占时，您对其定价策略有何看法？［单选题］

    ○认为定价过高，超出了合理范围

    ○认为定价基本合理，但仍有改进空间

    ○认为定价较低，但服务质量有待提升

6. 您认为数字版权产业的垄断现象是否限制了您在数字内容和服务方面的个性化选择和多样性需求？［多选题］

    □极大地限制了选择多样性

    □一定程度上限制了选择多样性

    □对我的个性化选择影响较小

7. 您是否曾在过去的一年中，因数字版权产业的垄断导致价格上涨，从而不得不减少对相关产品或服务的消费？［单选题］

    ○经常因此减少消费

    ○偶尔会减少消费

    ○未受影响，消费习惯未改变

8. 您是否支持政府和相关监管机构采取措施破除数字版权产业的垄断格局，鼓励市场竞争？［单选题］

    ○非常支持

    ○支持

    ○中立态度

    ○不支持

○非常不支持

9. 您是否观察到数字版权产业垄断企业存在滥用市场优势地位的行为，比如独家授权、排他性协议、捆绑销售等？［单选题］

　　○经常发现此类行为

　　○有时会发现

　　○很少看到

　　○从未注意到或遇到

10. 如果数字版权产业垄断问题得到缓解，您期望从哪些方面实现消费者权益的提升？（多选）［多选题］

　　□获取更广泛、多元化的数字内容选项

　　□享受更透明、公正的价格机制

　　□提高跨平台、跨设备的兼容性和便利性

　　□享有更好的数据安全和隐私保护

　　□其他（请说明）＿＿＿＿＿＿＿＿＿

11. 对于解决数字版权产业垄断所带来的问题，您有哪些具体的建议或想法？［填空题］

＿＿＿＿＿＿＿＿＿＿＿＿＿＿＿＿＿＿＿＿＿＿＿＿＿

　　再次感谢您的积极参与和宝贵意见，这将有助于我们共同推动数字版权产业向着更加开放、公平、创新的方向发展，切实维护消费者权益。

后　记

　　时光荏苒，回想从关注数字经济至今，已经过去了八年时间。当年对移动互联网与电子商务创新的热忱，在多年研究的打磨中逐渐沉淀，直至在数字经济领域呈现爆发式增长，在国内外引起广泛关注，技术不断革新，制度随之发展。这一切仿佛都在转瞬间。匆匆数年，关于数字版权领域反垄断的研究也即将告一段落。为学术的奋斗也将迎来崭新的起点。

　　这本书基于我的博士学位论文研究成果形成。在这段漫长的研究经历中，最想感谢的是恩师李勇坚教授。对互联网与数字经济的专业学习，关于博士论文的选题、专著和文献的推荐，研究的开展和文稿撰写，恩师都给予我无私的帮助和指导，没有恩师，就没有我的成长，就没有这本书的成稿。也要感谢我的家人。他们在我读博士期间默默无声的支持，为我的前行注入了不竭动力，没有他们，就没有我全身心投入研究的可能。家人在生活上的照顾、精神上的鼓励，让我能够放下包袱，无后顾之忧地进行学习和钻研，有效安排时间，在兼顾事业与家庭的基础上投入博士研究，并围绕数字经济的主题发表了一系列研究成果。更要感谢中国社会科学院大学的平台。这里有博学的大

师，他们的思想在当今学术界产生着重要影响；这里有充满智慧和上进心的同学们，每个同学都是一座宝藏，与他们的交流让我不断得到新的启发，从他们身上学到许多闪光的品质，携手并肩的情谊值得终生珍藏。

博士阶段的规范化学术训练犹如淬炼成钢的过程。苦心孤诣、去粗取精的研究，收集资料时的海量信息，撰写初稿时的思路整理，修改中一遍遍打磨、钻研，不断夯实基础，加深理解，明晰思路，凝练文字，直到成稿。如登攀，更似向深谷迈进，开始还有阶梯可循，而走着走着，山谷越来越幽深，步履也愈发艰难，唯有坚定信念、鼓足勇气再探寻，用意志力和冥思为自己点燃一支火把，大胆假设，小心求证，不断探索，找到那一番"别有洞天"的深邃。在孤寂、纯粹和专注中修炼，对"笃学、慎思、明辨、尚行"有了更深刻的理解。这个艰难的历练过程，会让很多人产生痛苦而对学术产生敬畏甚至退避，但也有可能因此而点燃激情，产生热爱。我庆幸自己是后者。

数字经济席卷而来，数字化影响的不是某一个领域，而是全人类的全方位各领域的生态。其中当然包括法学，也离不开经济学，本质上，数字经济还是经济的一种形态。在数字技术重塑人类命运的今天，思想依然是独立的，而对思想表达的保护是知识产权的使命和重任。数字时代的知识产权，内容产业规制中的数字版权，就进入了我的研究视野。这个选题虽不是独一无二，但从经济学视角进行研究却有一定创新意义。在数字版权的领域中，传统版权的生产和传播基础均有改变。无论是合理使用还是法定许可制度，都是传统版权法领域中的例外规则，而当今如何保护微创新，如何适应生产者和消费者身份逐渐趋同直至融合的新样态，是知识产权在数字化冲击下必须面对的问题。在这样的背景下，激励和保护创新的课题也更加复杂。在法律难以进行明确界分的情况下，经济学的力量就凸显出来。通过经济学的量化分析，可以更清楚地界定何种情况下如何进行保护，进而如何测算垄断的边界，如何设定反垄断的标准等。这些研究虽然透着青涩之气，但我相信是有意义的。

在对数字版权产业垄断问题的研究与探讨中，本书采取了一种更为全面和深入的视角，它超越了仅仅从经济学供需失衡、市场集中度增高等表面现象来剖析这一问题。通过将数字版权产业的垄断放置于科技进步、文化传承、社会治理以及人类价值共创的宏大框架下进行考察，文章揭示出数字版权产业垄断现象背后深刻的社会、文化和技术内涵。首先，在科技进步层面，现代信息技术的发展极大地改变了内容生产、传播和消费的方式。数字平台凭借先进的技术手段和网络效应，能够快速积累并掌控大量版权资源，形成某种程度上的市场壁垒，这种技术驱动的垄断不仅影响着市场的有效竞争，还深刻塑造了信息社会中的权力结构。例如，大型数字内容平台通过算法推荐、数据收集等技术手段，既强化了自身的市场优势地位，也对内容创作与分发过程产生了决定性影响。其次，在文化传承层面，垄断可能导致文化的多样性和开放性受损。过度集中的版权控制可能会限制作品的广泛传播与合理使用，不利于文化遗产的保护与再创造，进而影响到公众接触多元文化的机会。健康的版权环境应当鼓励创新与共享，促进文化繁荣与发展。再次，从社会治理的角度审视，数字版权产业的反垄断规制涉及的是如何平衡知识产权保护与公共利益的问题。有效

的社会治理应确保知识产权制度既能激励创作者的积极性，又能保证公众获取知识和信息的权利，防止权利滥用导致的社会不公。最后，站在人类价值共创的高度，解决垄断有助于推动全球知识经济的发展，构建一个更加开放、包容和公平的创新生态系统。这要求法律和政策制定者在全球范围内协作，共同寻求既能维护作者权益，又能促进知识自由流动和价值共创的解决方案。总结而言，垄断不再仅仅是市场经济内部的一个孤立问题，更是关系到社会进步、文化多样性保护、公平正义实现以及全球创新生态建设等多个维度的重要议题。因此，对垄断问题的治理需要多角度、全方位的考量与行动，以期在保障市场公平竞争的同时，积极营造有利于全人类福祉增进和社会持续发展的环境。

随着生成式人工智能的突破式发展和迅速的迭代，不得不重新让人类对自身、对当下、对未来产生许多深思。回溯漫长的研究历程，从对互联网电商、平台经济和平台治理的关注，到对数据治理的研究，再到深入钻研知识产权法面对的数字化新问题，这一路走来，思维与眼界不断刷新，整个人也仿佛沾上了些技术气息。而技术终将化归人文与社科，只有将技术与人性充分结合地发展，才是合伦理的，也是合乎人类进步的。我们从哪里来、到哪里去？我们是不断进步，还是重蹈覆辙？如何发展、怎样的发展才是符合自身诉求的？怎样的规制和治理才能契合这种发展的需要？怎样的制度设计和秩序才能实现这种适应发展的规制和治理？这些问题在研究中时常涌入脑海。虽然没有定论，但我尝试着进行了一些探索。这些探索或许还是初步的，但相信随着时间的推移、年龄的增长和阅历的加深，随着知识的更迭、视野的拓宽，这些思考会持续而更有深度。

　　思考与写作的间隙，过往的学习和工作经历常涌入脑海。想起在密西根大学学习法律期间遇到的老师和同学，那时的很多探讨，关于法律与经济学，关于时政与自身的成长如何融入时代洪流。在研究法经济学的过程中，我时常阅读波斯纳大法官的著作，有英文影印版，也有翻译作品。美国在 20 世纪 70 年代兴起的法律的经济分析浪潮，引领了一个时代。人们开始懂得"效率""成本"等经济学概念和理论也可以用于法律领域，用以衡量法律的公平正义等抽象考量。将抽象的逻辑和主观的判断具象化、数量化，更确切地说，是实证化、证据化，或许这正是法经济学诞生、成长乃至拥有众多追随者的理由。公正与效率这对概念，也是经久不衰的思辨论题。

　　研究的过程中，我感到自己不断迭代成长。时隔数日，回看之前的文字，就感到又有可以提升的空间，又可以重新写就。源源不断的学术思考如泉涌般带来写作灵感，与良师益友交流后的新思路，又仿佛朝阳从海平面喷薄而出。这个时常带来失眠和兴奋的过程，让我在科研中感受到了极致的快乐。这份浓厚的兴趣也影响了我的职业道路和人生规划。所谓十年磨一剑，或许正是如此，从 2014 年接触经济学知识，读硕士、博士，直到浩大工程的竣工，整整过去了十年。这期间的点点滴滴，是那么难忘。将多年读过的几十箱书籍整体打包，丰富的知识在脑海中重新组合，我感到既丰富，又轻盈。丰富或许来自知识的洗礼和实践历练，而轻盈则来自经验积累带来的娴熟。感谢岁月的馈赠和不负时光一直努力的自己，感谢所有帮助过我的人，感谢一直帮助我成长的老师。

　　在安宁的学术世界，站在新的起点，伴着细雨微风，呼吸着泥土的清新，感受万物启新，生机盎然。在科研道路上，我将继续求索，与一群志同道合的伙伴共同前行，分享知识，交流思想，不断激发灵感，碰撞出思维的火花，产出更多好作品，为多元化的世界做出属于女性科研工作者的贡献。